Alphonse de Lamartine

Jeanne d'Arc

Alphonse de Lamartine

Jeanne d'Arc

ISBN/EAN: 9783337287566

Printed in Europe, USA, Canada, Australia, Japan

Cover: Foto ©Andreas Hilbeck / pixelio.de

More available books at **www.hansebooks.com**

𝔓𝔦𝔱𝔱 𝔓𝔯𝔢𝔰𝔰 𝔖𝔢𝔯𝔦𝔢𝔰.

JEANNE D'ARC

BY

A. DE LAMARTINE,

EDITED

WITH A MAP AND NOTES HISTORICAL AND
PHILOLOGICAL

AND A VOCABULARY

BY

REV. A. C. CLAPIN, M.A.

ST JOHN'S COLLEGE, CAMBRIDGE, AND BACHELIER-ÈS-LETTRES OF THE
UNIVERSITY OF FRANCE.

EDITED FOR THE SYNDICS OF THE UNIVERSITY PRESS.

CAMBRIDGE:

AT THE UNIVERSITY PRESS.

1885

INTRODUCTION.

At the beginning of the historical period (1428—1431) described in these pages the state of France was truly fearful.
From king to peasant all were alike miserable. "The open land
from the Loire to the Somme was a desert overgrown with wood
and thickets; towns were distracted by parties, villages destroyed;
the highways erased; churches were polluted and sacked; castles
burnt; commerce at a stand". France, after nearly a century of
struggles against England, had been so completely torn and
exhausted, during the long insanity of Charles VI, by the
quarrels of the Armagnacs and Burgundians, that she suc-
cumbed under the foreign invasion which civil war had called
forth. The Duke of Burgundy, punishing one crime by another
crime to avenge his own father assassinated with the connivance
of the Dauphin, had recognised the rights of the king of England
to the crown of France, and, in concert with Queen Isabel, the
vile mother of the Dauphin, had imposed on the States-General
the ratification of a treaty which gave up France to the foreigner.
Charles VII was in possession of a fragment only of his father's
dominions. The whole of the North of the kingdom was in the

hands of the conqueror. Orléans, the last bulwark of the centre
and of the South, had been besieged for several months by the
English forces. An army of relief had been defeated at the
unfortunate battle of Rouvrai (the Day of the Herrings), and
the heroic resistance of Orléans seemed to be drawing to its
end. But suddenly there appeared upon the scene a deliverer,
Joan of Arc, a simple peasant girl, but one of the noblest figures
in history. "The enthusiastic maiden had no private ambitions
or aims, she knew nothing of courts, she desired only to save
her country. Her fearless spirit calculated no chances, felt no
doubts, knew what it desired, and, firmly believing in a divine
mission, moved on serenely towards its aim". (*Kitchin.*)

The details of her heroic life, as given in this biography,
show her to have been lifted far above her countrymen and her
age; in all she is perfect, in her simplicity, piety, self-devotion;
she made her martyr-end piously, simply and right bravely to
the very last. Her persecutors also were brutal to the end. Her
ashes were scattered in the Seine, lest her body should work
miracles in behalf of France and rouse the dejected energies of
the people. Nothing is so striking as the utter silence with
which all men looked on at the long dreary trial, at the cruel
examinations, the shameful imprisonment, the bitter death.
From all this darkness the noble figure of the heroine of France
stands out in amazing beauty against the background of
treachery, meanness, cruelty, and smoke of devouring fire.

In these pages we can trace the true character of Joan: "a
thorough and earnest persuasion that hers was the rightful
cause—that in all she had said she spoke the truth—that in all
she did she was doing her duty—a courage that did not shrink
before embattled armies or beleaguered walls, or judges thirsting
for her blood—a most resolute will on all points that were

connected with her mission—perfect meekness and humility on all that were not—a clear, plain sense, that could confound the casuistry of sophists—an ardent loyalty to her king—a dutiful devotion, on all points, to her country and to God. Nowhere do modern annals display a character more pure—more humble amidst fancied visions and undoubted victories—more free from all taint of selfishness—more akin to the champions and martyrs of old times". (*Lord Mahon.*)

CHRONOLOGICAL TABLE.

1422. Henry V of England and Charles VI of France both die. [Henry VI of England, 1422—1461; Charles VII of France, 1422—1453.]
The Duke of Bedford, brother of Henry V, regent in France for his young nephew Henry VI.

1424. The English beat the French at Verneuil.

1428. Siege of Orleans by Bedford and Burgundy.

1429. "Day of the Herrings".
Orleans is besieged by the Earl of Salisbury.
Jeanne d'Arc drives the English from before Orleans; takes Jargeau; beats the English at Patay, and conducts Charles VII to Rheims to be crowned.

1430. Jeanne falls into the hands of the Burgundians.

1431. Jeanne is burnt at Rouen.
Henry VI is crowned at Paris.

FRANCE IN 1429.

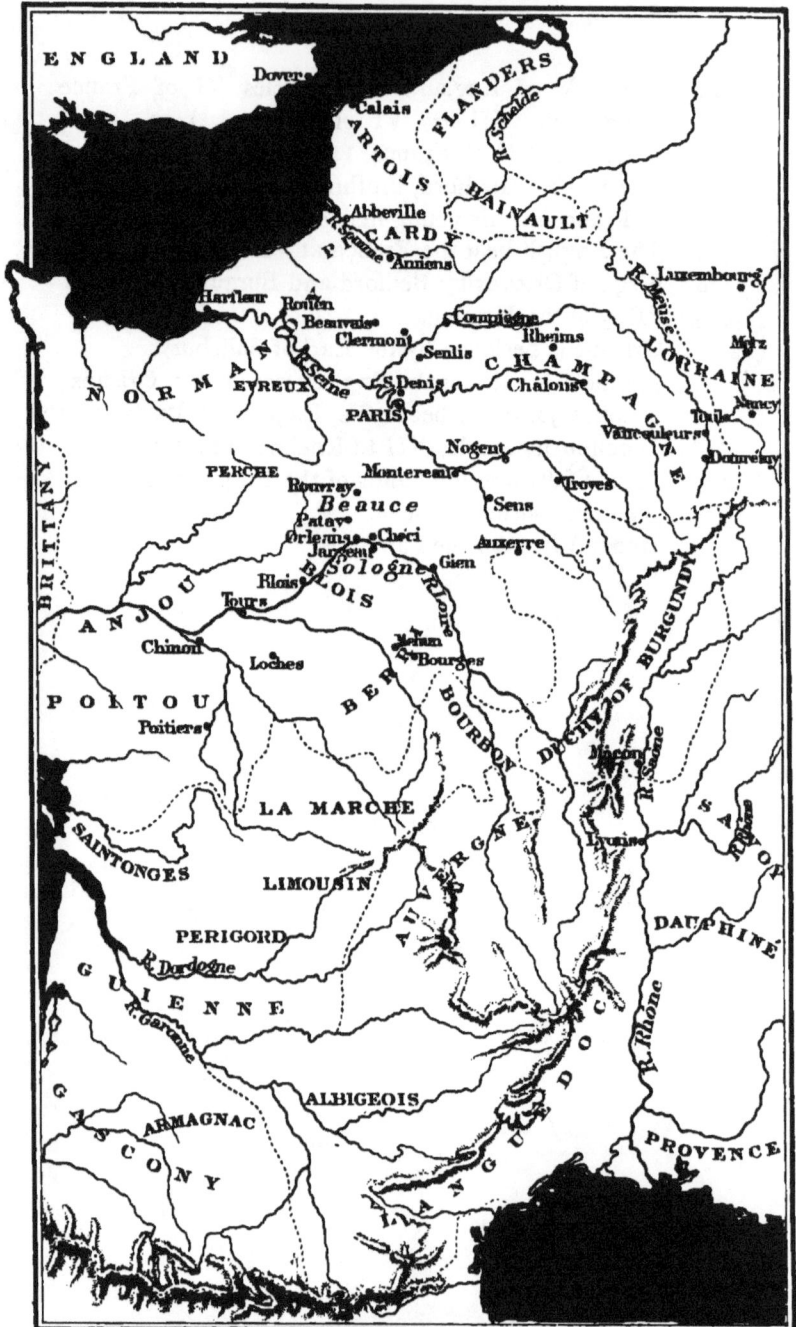

ENGLAND
Dover
Calais
FLANDERS
R. Scheldt
ARTOIS
HAINAULT
Abbeville
PICARDY
R. Somme
Amiens
R. Meuse
Luxembourg
Harfleur
Rouen
Beauvais
Clermont
Compiègne
Rheims
Senlis
CHAMPAGNE
LORRAINE
Metz
Nancy
NORMANDY
EVREUX
R. Seine
S. Denis
Châlons
PARIS
Toul
Vaucouleurs
Domrémy
BRITTANY
PERCHE
Montereau
Nogent
PARIS
Rouvray
Beauce
Sens
Troyes
Patay
Orleans
Clerci
Janville
Auxerre
BLOIS
Sologne
Gien
Blois
R. Loire
Tours
ANJOU
Chinon
Loches
Meun
Bourges
BER
BOURBON
DUCHY OF BURGUNDY
R. Saône
Mâcon
POITOU
Poitiers
LA MARCHE
AUVERGNE
Lyons
SAVOY
SAINTONGES
LIMOUSIN
DAUPHINÉ
PERIGORD
R. Dordogne
GUIENNE
R. Garonne
R. Rhone
GASCONY
ALBIGEOIS
LANGUEDOC
ARMAGNAC
PROVENCE

0 20 40 60 80 100 English Miles.

Stanford's Geog'. Estab'. London.

Cambridge University Press

JEANNE D'ARC.

I.

Il y avait en 1428 à Domrémy, village de la haute Lorraine champenoise, sur le penchant boisé des Vosges, non loin de la petite ville de Vaucouleurs, une famille dont le nom était d'Arc. Le père de famille était un simple laboureur, mais un laboureur qui cultivait son propre héri- 5 tage et dont le toit, bâti et possédé par ses pères, devait appartenir à ses fils. Si l'on en juge par les mœurs et par les habitudes domestiques de la famille, il y avait dans cette maison de paysans le loisir et la piété que donne l'aisance, et cette noblesse de cœur et de front qu'on retrouve en 10 ceux qui cultivent la terre paternelle plus qu'en ceux qui travaillent dans l'atelier d'autrui, parce que la possession d'un coin de terre, quelque petit qu'il soit, conserve au paysan l'indépendance de l'âme en lui faisant sentir qu'il tient son pain de Dieu. Le père s'appelait Jacques d'Arc ; la mère, 15 Isabelle Romée, surnom qu'on donnait dans ces contrées aux pèlerines qui étaient allées à Rome visiter les pieux tombeaux des martyrs. Ils avaient trois enfants : deux fils, l'un nommé Jacques comme son père, l'autre Pierre, et une fille venue au monde après ses frères et qui portait le nom 20 de Jeanne, bien que sa marraine lui eût donné aussi le nom de Sibylle.

Un soc de charrue, armoirie du laboureur, était grossièrement sculpté sur le linteau de pierre au-dessus de la porte de la chaumière. Le père et les deux fils cultivaient 25 les champs; ils soignaient les attelages de leurs charrues, dans cette contrée où on laboure avec des chevaux aussi propres à la guerre qu'au sillon. La mère restait à la maison pour garder le seuil et surveiller le foyer. Elle était 5 assez riche pour s'occuper seulement des soins domestiques et intérieurs, sans tenir elle-même la faucille et se charger du fardeau des gerbes. Elle élevait sa fille dans la même condition de loisir qu'elle avait elle-même chez son mari. Bien que Jeanne, dans sa première enfance, jouât et s'égarât 10 au bord des bois avec les petites filles du village, sa mère ne l'employa jamais comme bergère à garder les troupeaux. Elle ne savait ni lire ni écrire, et ne pouvait lui enseigner ce qu'elle ignorait; mais elle l'entretenait de choses honnêtes et pieuses qu'une mère de famille verse par tradition dans la 15 mémoire de son enfant. Elle lui apprenait à coudre avec· cette perfection qui est l'art domestique des jeunes filles depuis l'antiquité. Jeanne était devenue si habile dans ces travaux sédentaires de l'aiguille, qu'aucune matrone de Rouen, dit-elle elle-même, n'aurait pu rien lui remontrer de plus 20 de ce métier où Rouen excellait alors. Elle filait aussi les toisons ou le chanvre à côté de sa mère. Elle recevait d'elle seule les instructions de l'Église.

"Aucune fille de son âge et de sa condition, dit une de ses compagnes interrogée sur cette enfance, n'était tenue 25 plus amoureusement dans la maison de ses parents. Que de fois j'allai chez son père! Jeanne était une fille simple et douce. Elle aimait à aller à l'église et aux saints pèlerinages. Elle s'occupait du ménage comme les autres filles. Elle se confessait souvent. Elle rougissait de honte honnête 30 quand on la raillait sur sa piété et sur ce qu'elle aimait trop à prier dans les sanctuaires. Elle était aumônière et charitable. Elle soignait les enfants malades dans les chaumières voisines de la maison de sa mère."

Un pauvre laboureur du pays disait à ses juges qu'il se 35 souvenait d'avoir été veillé ainsi par elle quand il était enfant.

II.

"Gracieuse de visage, elle croissait leste et forte de ses membres. Dans ces temps où les femmes ne faisaient route qu'à cheval, elle allait, enfant, avec ses frères, conduire les poulains de son père dans le préau du château des Isles où on les enfermait de peur des gens de guerre. Il est vrai- 5 semblable que c'est ainsi qu'elle se familiarisa avec les destriers, que nulle main d'homme ne mania plus hardiment depuis. Elle raconte aussi qu'elle allait quelquefois avec les jeunes filles du village à la lisière des bois qui bordaient les champs, sous un grand chêne, qu'on appelait dans le 10 pays *l'arbre des Fées,* que sous ce chêne il y avait une fontaine ; que son eau avait la renommée de guérir les fièvres et les maladies ; qu'elle en avait puisé comme les autres à cette intention ; que les malades, après leur guérison, avaient l'habitude d'aller s'asseoir et se délasser sous son ombre ; 15 que les fleurs de mai croissaient autour de la source, et qu'en temps d'été elle les cueillait avec ses compagnes, pour en tresser des chapeaux à la statue de la Notre-Dame de Domrémy. La fille de sa marraine lui disait que les fées ou les dames apparaissaient par aventure en ce lieu et qu'elle-même 20 les avait vues. Quant à Jeanne, elle ne les avait jamais vues. Mais il est bien vrai que les jeunes filles suspendaient des chapelets de fleurs aux basses branches de l'arbre ; qu'elle avait fait comme les autres ; que quelquefois ses compagnes emportaient les bouquets en s'en allant, que d'autres fois 25 elles les laissaient sur l'arbre ; que, depuis le moment où elle avait conçu de délivrer la France, elle n'allait presque plus jamais s'ébattre ainsi sous le chêne des Fées ; qu'elle peut y avoir dansé avant son âge de raison avec les enfants, et surtout chanté, mais qu'elle ne croit pas y avoir dansé 30 une seule fois depuis ; qu'il y avait aussi, en face de la porte de son père, un autre bois voisin de la maison, mais qu'il n'y avait pas là d'apparitions ; qu'à l'époque où sa mission lui fut révélée, son père lui avait bien dit, en la grondant, que le bruit courait qu'elle avait pris ses inspirations sous 35 l'arbre des Fées ; qu'elle lui avait répondu que cela n'était pas ; qu'un prophète du pays disait bien que du bois Chenu

sortirait une jeune fille qui ferait des merveilles, mais qu'à
cela même elle n'avait pas donné foi !..."
    Elle se complaisait à rappeler dans sa prison ses sou-
venirs d'enfance.   Elle s'y réconfortait comme d'une fraî-
5 cheur de son matin, et elle écrivait ainsi, sans le savoir, ces
années obscures de sa vie dans lesquelles on aime à plonger
du regard, pour voir de quelle obscurité est sortie la gloire
et de quelle félicité le martyre.
    Un de ces prophètes populaires qui sèment les rumeurs
10 de l'avenir à tout vent, bien sûr que la crédulité naturelle
aux âges d'ignorance les recueillera, l'enchanteur Merlin,
fameux dans les poëmes de l'Arioste, avait écrit que les
calamités du royaume viendraient d'une femme dénaturée,
et que le salut viendrait d'une jeune et chaste fille.   Ce
15 bruit remuait l'imagination du peuple dans ces provinces et,
pouvait susciter dans l'esprit de chaque jeune vierge la
pensée involontaire de réaliser en elle la prophétie.   La
beauté méditative et recueillie de Jeanne, en attirant les
yeux des jeunes hommes, intimidait la familiarité.   Plusieurs
20 cependant, charmés de sa grâce et de sa modestie, la demandèrent à ses parents.   Elle s'obstinait à rester seule et
libre, on ne sait par quel pressentiment qui lui disait sans
doute qu'elle aurait à enfanter un jour, non une famille, mais
un royaume.   L'un de ses prétendants, plus passionné, osa
25 réclamer son cœur comme un droit, jurant en justice qu'elle
lui avait promis sa foi de mariage.   La pauvre fille hon-
teuse, mais indignée, comparut à Toul devant les juges et
démentit par serment ce calomniateur par amour.   ·Les
juges reconnurent le subterfuge et la renvoyèrent libre à la
30 maison.

III.

    Pendant que sa beauté charmait les yeux, le recueille-
ment de sa physionomie, la méditation de ses traits, la solitude et le silence de sa vie étonnaient son père, sa mère et
ses frères.   Rien des langueurs de l'adolescence ne trahissait
35 en elle son sexe: elle n'en avait que les formes et les attraits.
Ni la nature ni le cœur ne parlaient en elle.   Son âme,
retirée dans ses yeux, semblait plutôt méditer que sentir :

pitoyable et tendre cependant, mais pitoyable et tendre
d'une pitié et d'une tendresse qui embrassaient quelque
chose de plus grand et de plus lointain que son horizon.
Elle priait sans cesse, parlait peu, fuyait les compagnies de
son âge. Elle se retirait ordinairement à l'écart, pour tra- 5
vailler à l'aiguille, dans une enceinte close, sous une haie
derrière la maison, d'où l'on ne voyait que le firmament, la
tour de l'église, le lointain des montagnes. Elle semblait
écouter en elle des voix que le bruit extérieur aurait fait
taire. Elle avait à peine huit ans, que déjà tous ces signes 10
de l'inspiration s'étaient manifestés en elle. Elle ressemblait
en cela aux sibylles antiques, marquées dès l'enfance d'un
sceau fatal de tristesse, de beauté et de solitude parmi les
filles des hommes : instruments d'inspiration réservés pour
les oracles, et à qui tout autre emploi de leur âme était inter- 15
dit. Elle aimait tout ce qui souffre, les animaux, ces intelli-
gences douées d'amour pour nous et privées de la parole
pour nous le communiquer. Elle était, disent ses compagnes, miséricordieuse et douce pour les oiseaux. Elle les
considérait comme des créatures condamnées par Dieu à 20
vivre à côté de l'homme dans des limbes indécises entre
l'âme et la matière, et n'ayant de complet encore dans leur
être que la douloureuse faculté de souffrir et d'aimer. Tout
ce qui était mélancolique et infini dans les bruits de la
nature l'attirait et l'entrainait.   25
    "Elle se plaisait tellement au son des cloches, dit le
chroniqueur, qu'elle promettait au sonneur des écheveaux de
laine pour la quête d'automne, afin qu'il sonnât plus longtemps les *Angelus*."
    Mais elle s'apitoyait surtout sur le royaume de France et 30
sur son jeune Dauphin, sans mère, sans pays et sans couronne. Les récits qu'elle entendait faire tous les jours par
les moines, les soldats, les pèlerins et les mendiants, ces
nouvellistes des chaumières en ces temps-là, remplissaient
son cœur de compassion pour ce gentil prince. Son image 35
s'associait, dans l'esprit de la jeune fille, aux calamités de sa
patrie. C'était en lui qu'elle la voyait périr, en lui qu'elle
priait Dieu de la ressusciter. Son esprit était sans cesse
occupé de cette rêverie et de cette tristesse. Faut-il s'étonner
qu'une telle concentration de pensée dans une pauvre jeune 40

fille ignorante et simple; ait produit enfin une véritable
transposition de sens en elle et qu'elle ait entendu à ses
oreilles les voix intérieures qui parlaient sans cesse à son
âme? Il y a si près de l'âme aux sens dans notre être, que,
5 si les sens trompent et troublent l'esprit par leur exaltation
et leur désordre, l'esprit de son côté trompe et trouble facilement les sens. Ces visions et ces auditions merveilleuses,
bien qu'elles puissent être illusions, ne sont pas mensonges
pour ceux qui les éprouvent et qui les racontent. Merveilles
10 sincères, elles sont phénomènes, quoiqu'elles ne soient pas
prodiges. Il est difficile à l'homme, plus encore à la femme,
lorsqu'ils sont préoccupés jusqu'à la passion d'une idée ou
d'un doute, lorsqu'ils s'interrogent et qu'ils s'écoutent en
dedans, de distinguer entre leur propre voix et les voix du
15 ciel, et de se dire : "Ceci est de moi; ceci est de Dieu."
Dans cet état, l'homme se rend à lui-même ses propres
oracles, et il prend son inspiration pour divinité. Les plus
sages des mortels s'y sont trompés comme les plus faibles
des femmes. L'histoire est pleine de ces prodiges. L'Égérie
20 de Numa, le génie familier de Socrate, n'étaient que l'inspiration écoutée à la place des dieux dans leur âme. Comment une pauvre bergère d'un village hanté par les fées,
nourrie de ces révélations populaires par sa mère et par ses
compagnes, aurait-elle douté de ce que Socrate et Platon
25 consentaient à croire? La candeur fut le piège de sa foi;
son inspiration eut les vertiges de son âge, de son sexe, de
son époque, de sa crédulité. Elle crut à des voix, à des
visions, à des prodiges ; mais l'inspiration elle-même fut la
merveille, et le patriotisme triomphant atteste du moins en
30 elle la divinité du sentiment et la vérité du cœur.

IV.

Elle entendit longtemps ces voix avant d'en parler
même à sa mère. Un éblouissement de ses yeux les lui
faisait présager par une explosion de douce lumière qu'elle
se figurait découler du ciel. Tantôt ces voix lui recom-
35 mandaient la sagesse, la piété, la virginité; tantôt elles l'en-
tretenaient des plaies de la France et des gémissements du

pauvre peuple. Un jour, à midi, dans le jardin où elle était
seule, sous l'ombre du mur de l'église, elle entendit distinctement une voix mâle qui l'appela par son nom et qui
lui dit :

"Jeanne, lève-toi ; va au secours du Dauphin, rends-lui 5
son royaume de France !"

L'éblouissement fut si céleste, la voix si distincte et la
sommation si impérative, qu'elle tomba sur ses genoux et
qu'elle répondit en s'excusant :

"Comment le ferais-je, puisque je ne suis qu'une pauvre 10
fille, et que je ne saurais ni chevaucher ni conduire des
hommes d'armes ?"

La voix ne se contente pas de ses excuses :

"Tu iras, dit-elle à Jeanne, trouver le seigneur de Baudricourt, capitaine pour le roi à Vaucouleurs, et il te fera 15
conduire au Dauphin. Ne crains rien ; sainte Catherine et
sainte Marguerite viendront t'assister."

A cette première vision, qui la fit trembler et pleurer
d'angoisse, mais qu'elle garda encore comme un secret entre
elle et les anges, d'autres succédèrent. Elle vit saint Michel 20
armé de la lance, vêtu de rayons, vainqueur des monstres,
tel qu'il était peint sur le tableau de l'autel de son hameau.
L'archange lui dépeignit les déchirements et les asservisse-
ments du royaume. Il lui demanda compassion pour son
pays. Sainte Marguerite et sainte Catherine, figures divines 25
et populaires dans ces contrées, se montrèrent dans les nues
comme il avait été annoncé. Elles lui parlèrent avec ces
voix de femme adoucies et attendries par l'éternelle béatitude. Des couronnes étaient sur leurs têtes ; des anges,
pareils à des dieux, leur faisaient cortège. C'était tout le 30
poëme du paradis entr'ouvert devant ses yeux. Son âme,
dans ce divin commerce, oubliait la rigueur de sa mission et
s'abîmait dans les délices de ces contemplations. Quand
ces voix se taisaient, quand ces figures se retiraient, quand
ce ciel se refermait, Jeanne se trouvait baignée de pleurs. 35

"Ah ! que j'aurais voulu, dit-elle elle-même, que ces anges m'eussent emportée avec eux !..."

Mais sa mission terrible ne le voulait pas. Elle ne devait être emportée où elle aspirait que sur les ailes de
flamme de son bûcher.   40

V.   *Measure°*

Ces entretiens, ces sommations, ces délices, ces angoisses,
ces délais durèrent plusieurs années. Elle avait fini par les
confesser à sa mère. Le père et les frères en étaient in-
struits. La rumeur en courait dans la contrée : sujet de
5 merveille pour les simples, de doute pour les sages, de sarcasme pour les méchants !
En ce même temps, la même idée et les mêmes visions
travaillaient, en d'autres pays d'autres filles et d'autres femmes. Quand le peuple n'espère plus rien des hommes pour
10 son soulagement, il se tourne vers les miracles: Il y avait contagion de merveilles et de révélations. Une femme du Berry,
nommée Catherine, voyait des dames blanches, à robes d'or,
qui lui ordonnaient "d'aller par les villes demander des sub-
sides et des hommes d'armes pour le Dauphin. Il fallait
15 que le Dauphin lui donnât des écuyers et des trompettes
pour proclamer partout qu'on lui devait apporter les trésors
enfouis et qu'elle saurait bien les découvrir."
Ainsi, quand un miasme est dans l'air, tout le monde le
respire. La pitié de la France, la tendresse pour le Dauphin,
20 la haine contre les Bourguignons, l'horreur de la domination
étrangère, fanatisaient les femmes. Toutes entendaient le
cri de la terre, quelques-unes les voix d'en haut. De plus,
les poëtes, les romanciers et les conteurs ambulants du
moyen âge avaient habitué les imaginations aux rôles bel-
25 liqueux joués par des femmes, ainsi qu'on le retrouve dans le
Tasse et dans Arioste. Elles suivaient leurs amants aux
croisades, leur servaient de pages ou d'écuyers, revêtaient
l'armure, maniaient le coursier, versaient leur sang pour leur
Dieu, pour leur patrie, ou pour leur amour. Ces déguise-
30 ments de la femme sous la cuirasse donnaient aux guerres,
même civiles, un caractère de chevalerie et d'aventures
touchantes, de merveilleux romanesque qui faisait songer les
enfants et devait produire de fréquentes imitations. Il se
rencontre toujours un être d'exception pour réaliser ce qui
35 est imaginé par tous. L'idée d'une jeune fille conduisant
les armées au combat, couronnant son jeune roi et délivrant
son pays, était née de la Bible et du fabliau à la fois. C'était

la poésie de village. Jeanne d'Arc en fit la religion de la patrie.

VI.

Son père, homme d'âge et austère, entendit avec peine ces bruits de visions et de merveilles sous son toit de paysan. Il ne croyait point sa famille digne de ces faveurs dan- 5 gereuses du ciel, de ces visites d'anges et de saintes qui faisaient causer ses voisins. Toute relation avec les esprits lui était suspecte, à une époque surtout où la crédulité superstitieuse attribuait tant de choses aux mauvais esprits, et où l'exorcisme et le bûcher punissaient tout commerce 10 avec le monde invisible. Il attribuait ces mélancolies et ces illusions de sa fille à des désordres de santé. Il désirait la marier, afin que l'amour d'un époux et des enfants apaisât son âme, et que les distractions de la mère de famille fissent évaporer ces imaginations. 15

Il poussa quelquefois l'incrédulité jusqu'à la rudesse ; il dit à Jeanne que, "s'il apprenait qu'elle donnât créance à ses prétendus entretiens avec les esprits tentateurs et qu'elle se mêlât aux hommes de guerre, il la voudrait voir noyée par ses frères, ou qu'il la noierait lui-même de ses propres 20 mains."

VII.

Le déplaisir de sa mère et les menaces mêmes de son père n'étouffaient ni les visions ni les voix. Obéissante en toute autre chose, Jeanne désirait obéir même en ceci ; mais l'inspiration était plus obstinée que la volonté. Le 25 ciel devait être obéi avant les hommes, et le prodige était pour elle plus impérieux que la nature. Elle gémissait de désobéir, et elle suppliait Dieu de lui épargner ces efforts qui déchiraient son cœur. Elle espérait bien obtenir plus tard le congé et le pardon de ses parents, comme, en effet, 30 ils lui pardonnèrent quand sa gloire eut justifié à leurs yeux sa désobéissance. L'inspiration est comme le génie : on ne le couronne qu'après l'avoir combattu.

J. D'ARC. 2

VIII.

Mais il y avait à côté de Jeanne un homme de son sang,
plus simple que son père, ou plus tendre ou plus enthousiaste, dans le sein de qui la pauvre inspirée trouvait
créance ou du moins pitié : c'était son oncle, dont l'histoire
5 aurait dû conserver la figure et le nom, car il fut le premier
croyant à sa nièce et le premier complice de son génie.
Ces seconds pères, dans les familles, sont souvent plus pa-
ternels que les pères véritables, et ils ont plus de faiblesse
pour les enfants de la maison, parce qu'ils se défient moins
10 de leur amour et qu'ils aiment par choix et non par devoir.
Tel paraît avoir été l'oncle de Jeanne, le père de prédilection, le consolateur, le confident, puis enfin l'intermédiaire
séduit par son cœur entre sa nièce et le ciel. Pour soustraire Jeanne aux obsessions et aux reproches de son père
15 et de ses frères, l'oncle la prit quelque temps chez lui, sous
prétexte de soigner sa femme alitée. Jeanne profita de ce
court séjour loin des yeux de ses parents pour obéir à ce
qui lui commandait dans l'âme. Elle pria son oncle d'aller
à Vaucouleurs, ville de guerre, voisine de Domrémy, et de
20 réclamer l'intervention du sire de Baudricourt, commandant
de la ville, pour qu'elle pût accomplir sa mission.
L'oncle, séduit par sa nièce et sans doute poussé par sa
femme, se rendit avec simplicité à leurs désirs. Il alla à
Vaucouleurs et rendit au sire de Baudricourt le message
25 dont il s'était complaisamment chargé. L'homme de guerre
écouta avec une indulgente dérision le paysan : il semblait
qu'il n'y eût qu'à sourire, en effet, de la démence d'une
paysanne de dix-sept ans s'offrant à accomplir pour le Dauphin et pour le royaume ce que des milliers de chevaliers,
30 de politiques et d'hommes d'armes ne pouvaient faire par
la force du génie et des bras. "Vous n'avez autre chose à
faire, dit Baudricourt au messager des miracles en le congé-
diant, que de renvoyer votre nièce, bien souffletée, chez son
père."
35 L'oncle revint, convaincu sans doute par l'incrédulité
de Baudricourt et résolu d'enlever pour jamais cette illusion
de l'esprit des femmes. Mais Jeanne avait tant d'empire

sur lui, et la conviction la rendait si éloquente, qu'elle re-
conquit promptement la foi perdue de son oncle et qu'elle
lui persuada de la mener lui-même à Vaucouleurs, à l'insu
de ses parents. Elle sentait bien que c'était le pas décisif
et qu'une fois hors du village elle n'y rentrerait jamais. 5
Elle fit confidence de son départ à une jeune fille qu'elle
aimait tendrement, nommée Mangète, et elle pria avec elle
en la recommandant à Dieu.

Elle cacha son dessein à celle qu'elle aimait encore
davantage et qui s'appelait Haumette, "craignant, dit-elle 10
après, de ne pouvoir vaincre sa douleur de la quitter si elle
lui disait adieu"; elle pleura beaucoup en secret et vainquit
ses larmes.

IX.

Vêtue d'une robe de drap rouge, selon le costume des
paysannes de la contrée, Jeanne partit à pied avec son oncle. 15
Arrivée à Vaucouleurs, elle reçut l'hospitalité chez la femme
d'un charron, cousin de sa mère. Baudricourt, vaincu par
l'insistance de l'oncle et par l'obstination de la nièce, con-
sentit à la recevoir, non par crédulité mais par lassitude.   Il
fut ému de la beauté de cette jeune paysanne, que son 20
chevalier Daulon dépeint en ces termes vers cette époque :
"Elle était jeune fille, belle et bien formée, et elle
avait la voix douce et pénétrante."

Baudricourt l'ayant interrogée, Jeanne lui dit avec un
accent de fermeté modeste qui prenait son autorité non en 25
elle-même, mais dans ce qui lui avait été inspiré d'en haut :
"Je viens à vous au nom de Dieu, mon Seigneur, afin que
vous mandiez au Dauphin de se bien tenir où il est, de ne
point offrir de bataille aux ennemis en ce moment, parce
que Dieu lui donnera secours dans la mi-carême.   Le 30
royaume, ajouta-t-elle, ne lui appartient pas, mais à Dieu,
son Seigneur.   Toutefois il lui destine le royaume ; malgré
les ennemis, il sera roi, et c'est moi qui le mènerai sacrer à
Reims ! "

Baudricourt la congédia pour réfléchir, craignant sans 35
doute de trop mépriser ou de trop croire dans un temps où
l'incrédulité autant que la croyance pouvait lui être imputée

à faute par la voix publique. Il en référa prudemment au
clergé, juge en matière surnaturelle. Il consulta le curé de
Vaucouleurs. Ils allèrent ensemble avec solennité visiter la
jeune paysanne chez sa cousine, la femme du charron. Le
5 curé, pour être prêt à toute occurrence, avait revêtu ses
habits sacerdotaux, armure contre l'esprit tentateur. Il
exorcisa Jeanne, au cas où elle serait obsédée d'un démon,
et la somma de se retirer si elle était en commerce avec
Satan. Mais les démons de Jeanne n'étaient que sa piété
10 et son génie. Elle subit l'épreuve sans donner aucun scandale au prêtre et à l'homme de guerre. Ils se retirèrent
indécis et touchés.

X.

Le bruit de cette visite du gouverneur et du prêtre chez
la femme du charron étonna et édifia la petite ville. Le
15 peuple de toute condition et les femmes surtout s'y portèrent. La mission de Jeanne devint la foi de quelques-uns
et l'entretien de tous. Le bruit avait trop éclaté pour qu'il
fût loisible à Baudricourt de l'étouffer. L'opinion l'accusait
déjà d'indifférence et de mollesse.
20   "Négliger un tel secours du ciel, n'était-ce pas trahir le
Dauphin et la France?"
Un gentilhomme des environs, étant venu voir Jeanne
comme les autres, lui dit, en manière d'accusation contre
Baudricourt :
25   "Eh bien, ma mie, il faudra donc que le roi soit chassé
et que nous devenions Anglais?"
Jeanne mêla ses plaintes à celles du gentilhomme et du
peuple, mais elle parut moins se lamenter sur elle-même
que sur la France ; et, se rassurant sur la promesse qu'elle
30 avait entendue d'en haut :
"Cependant, dit-elle, il faudra bien qu'avant la mi-
carême on me conduise au Dauphin, dussé-je, pour y aller
user mes jambes jusqu'aux genoux. Car personne au monde,
ni rois, ni ducs, ni fille du roi d'Écosse, ne peuvent re-
35 prendre le royaume de France ; et il n'y a pour lui d'autres
secours que moi-même, quoique j'aimasse mieux," ajouta-t-
elle avec tristesse, "rester à filer près de ma pauvre mère!..."

Car je sais bien que batailler n'est pas mon ouvrage ; mais il faut que j'aille et que je fasse ce qui m'est commandé, car mon Seigneur le veut…"

On lui demanda :

"Et qui est votre Seigneur ?"   5

Elle répondit :

"C'est Dieu !"

Deux chevaliers présents s'émurent, l'un jeune, l'autre vieux. Ils lui promirent, sur leur foi, la main dans sa main, qu'avec l'aide de Dieu ils lui feraient parler au roi.   10

XI.

Pendant ces délais qui semblaient commandés par le respect même pour le Dauphin, Baudricourt conduisit Jeanne au duc de Lorraine, de qui il relevait à Vaucouleurs, afin de décharger sa responsabilité et de prendre ses ordres. Le duc vit Jeanne et l'interrogea sur une maladie dont il était 15 en ce moment affligé. Elle ne lui parla que de guérir son âme en se réconciliant avec la duchesse dont il était séparé. Baudricourt la ramena à Vaucouleurs.

Pendant le voyage et le séjour de Jeanne chez le duc de Lorraine, le Dauphin lui-même avait été avisé par lettres de la 20 merveille de Domrémy. Quelques-uns pensent que Baudricourt avait voulu prendre, avant toute résolution, les ordres du Dauphin et de sa belle-mère, la reine Yolande d'Anjou : le Dauphin, la reine Yolande et le duc de Lorraine devaient se concerter avec Baudricourt pour faire profiter à leur 25 cause l'apparition d'une jeune, belle et pieuse fille, digne de protection divine pour les peuples, d'enthousiasme pour l'armée, de délivrance pour le royaume. Cette opinion n'a rien que de vraisemblable, et la politique d'une pareille foi n'en exclut pas la sincérité dans un siècle où les cours et 30 les camps partageaient toutes les croyances du peuple. Les préparatifs pour le voyage et pour la réception de Jeanne à la cour, et les respects du Dauphin et de la reine Yolande pour elle à son arrivée, montrèrent assez qu'on attendait le prodige et qu'on désirait le faire éclater.   35

XII.

Les habitants de Vaucouleurs achetèrent à Jeanne un
cheval du prix de seize francs et des habits d'homme de
guerre pour protéger sa personne autant que pour manifester sa mission guerrière. Baudricourt lui donna une
5 épée. Le bruit de son départ pour l'armée s'étant répandu
jusqu'à Domrémy, son père, sa mère, ses frères accoururent
pour la retenir et la reprendre. Elle pleura avec eux, mais
ses larmes, amollissant son cœur, ne purent amollir sa résolution.
10   Elle partit, en compagnie des deux gentilshommes et
de quelques cavaliers de leur suite pour Chinon où était le
Dauphin. Son escorte lui fit traverser rapidement les provinces où dominaient les Anglais et les Bourguignons, dans
la crainte que leur dépôt ne leur fût enlevé. Indécis d'a-
15 bord sur la nature des inspirations de la jeune fille, tantôt
ils la vénéraient comme une sainte, tantôt ils s'en éloignaient
comme d'une sorcière possédée d'un mauvais génie. Quelques-uns même délibérèrent secrètement s'ils ne s'en déferaient pas en route en la précipitant dans quelque torrent
20 des montagnes et en attribuant sa disparition à un enlèvement du démon. Souvent, près d'exécuter leur complot,
ils furent retenus comme par une main divine. La jeunesse,
la beauté, l'innocence et la sainte candeur de la jeune fille
furent sans doute le charme qui fléchit leurs cœurs et leurs
25 bras. Partis incrédules, ils arrivèrent convaincus.

XIII.

La cour errante était au château de Chinon, près de
Tours. On y attendait l'inspirée de Vaucouleurs avec des
sentiments divers. Les conseillers réputés les plus sages
déconseillaient le Dauphin d'accueillir et d'écouter une
30 enfant qui, si elle n'était pas un instrument de l'ange des
ténèbres, était au moins la messagère de sa propre illusion.
D'autres, plus crédules ou plus légers, poussaient le Dauphin

à consulter du moins cet oracle.   La reine Yolande et les
favorites étaient fières que le salut vînt d'une femme.   Fa-
ciles à croire, elles sentaient que les moyens humains de
relever la cause du roi étaient épuisés et qu'un ressort
surnaturel, vrai ou supposé, pouvait seul rendre l'enthousias- 5
me avec l'espérance aux soldats et aux peuples.

"C'était peut-être Dieu qui suscitait ce secours."

Politique ou crédulité, tout était bon pour une cause
vaincue et désespérée.

Le Dauphin flottant de l'amour à la gloire et des 10
conseils graves aux conseils féminins, était à une de ces
crises d'affaissement moral où l'on est enclin à tout croire
parce qu'on n'a plus rien à attendre.

XIV.

Jeanne arriva à Chinon dans ces circonstances.   On la
logea dans le voisinage, au château du sire de Gaucourt. 15
Visitée par les dames et par les seigneurs de la suite du
roi, sa simplicité ramena les uns, édifia les autres.   Les
chevaliers qui tenaient pour le roi dans Orléans avaient
trop besoin d'un miracle pour hésiter à croire à sa mission.
Ils envoyèrent quelques-uns des leurs implorer et encourager 20
leur future libératrice.   Le Dauphin, à leur instigation, con-
sentit enfin à la recevoir ; mais, dès le premier jour, il voulut
l'éprouver.

L'humble paysanne de Domrémy fut introduite, dans
son costume de bergère, devant cette cour d'hommes 25
d'armes, de conseillers, de courtisans et de reines.   Le
Dauphin, vêtu avec une simplicité affectée et confondu
dans les groupes de ses chevaliers richement armés, laissa à
dessein la jeune fille dans le doute sur celui d'entre tous qui
était son souverain.   30

"Si Dieu l'inspire véritablement, se dit-il, il la mènera
à celui qui a seul dans ses veines le sang royal ; si c'est le
démon, il la mènera au plus apparent d'entre mes hommes
d'armes."

Jeanne s'avança en effet, confuse, éblouie, et comme 35
indécise entre cette foule, mais cherchant d'un regard

timide, parmi tous, le seul vers lequel elle était envoyée.
Elle le reconnut sans interroger personne; et se dirigeant
modestement, mais sans hésitation, vers lui, elle tomba à
genoux devant le jeune roi.

5 "Ce n'est pas moi qui suis le roi," lui dit le prince, en
cherchant à la jeter dans le doute.

Mais Jeanne, que son cœur illuminait, insistant avec
plus de force :

"Par mon Dieu, gentil prince, c'est vous, dit-elle, et
10 non un autre !"

Puis, d'une voix plus haute et plus solennelle :

"Très-noble Seigneur Dauphin ! poursuivit Jeanne, le
roi des cieux vous mande par moi que vous serez sacré et
couronné dans la ville de Reims, et son lieutenant au
15 royaume de France !"

À ce signe, la cour s'émerveilla et le Dauphin s'émut
d'admiration pour la belle fille. Toutefois il voulut un
autre signe plus difficile et plus secret ; et, l'entraînant à
l'écart de sa cour dans une embrasure de fenêtre, il s'entre-
20 tint à voix basse avec elle sur un mystère de son âme qui
travaillait sa conscience et qui lui inspirait secrètement
des doutes sur son droit au trône. Ce mystère n'avait
jamais été révélé par lui à personne. Il était incertain s'il
était véritablement le fils de Charles VI. La réponse
25 inspirée de Jeanne, bien qu'elle ne fût pas entendue des
assistants, répandit visiblement la sécurité et la joie sur le
visage du Dauphin. Souvent, et récemment encore, il
s'était renfermé dans son oratoire, priant Dieu avec larmes
que, s'il était en effet le légitime héritier du royaume, la
30 Providence voulût le lui confirmer et défendre son héritage
pour lui, ou du moins lui éviter la mort et lui assurer asile
parmi les Espagnols ou les Écossais, ses seuls amis.

"Je te dis de la part de Dieu, lui répète Jeanne à voix
plus haute et en le saluant, que tu es vrai fils de roi et
35 héritier de la France !"

XV.

Cet entretien avec le roi, la faveur des princesses, les instances des envoyés de l'armée d'Orléans, la rumeur populaire, plus prête à se passionner pour le merveilleux que pour le possible, l'aventure d'un homme d'armes in- crédule qui, ayant blasphémé Jeanne sur un pont, fut noyé 5 après dans la Loire ; la politique enfin, qui prolongeait ou qui simulait une foi utile à ses desseins, tout concourait à créer autour de l'étrangère un fanatisme de respect et d'espérance qui faisait du moindre doute une impiété.

Le bâtard d'Orléans, le fameux Dunois, l'appelait par 10 des messages réitérés à Orléans, pour retremper l'âme de ses soldats. Le duc d'Alençon, prince chevaleresque et courtois, accourait au bruit du prodige et embrassait, avec la chaleur de la jeunesse et de l'enthousiasme, la cause de l'inspirée. Les courtisans se pressaient autour d'elle, au 15 château du Coudray. Les uns lui présentaient des chevaux de bataille ; les autres l'exerçaient à se tenir en selle, à manier le coursier, à rompre des lances, tous ravis de la hardiesse, de la grâce et de la force qu'elle montrait dans ces exercices de guerre, comme si l'âme d'un héros se fût 20 trompée d'enveloppe en animant cette vierge de dix-sept ans de la passion des armes et de l'intrépidité des combats.

Le Dauphin pourtant hésitait encore à condescendre aux inspirations de la jeune fille, retenu par son chancelier qui craignait la dérision des Anglais, si la France confiait 25 son épée à une main qui n'avait tenu que la quenouille. Le chancelier redoutait aussi le clergé, qui pouvait attribuer au sortilège l'inspiration et s'offenser d'une foi qu'il n'aurait pas autorisée dans le peuple. Le roi jugea sagement qu'il fallait envoyer préalablement Jeanne à Poitiers, pour la 30 soumettre à l'examen de l'université et du parlement. Ces deux oracles du temps, chassés de Paris, siégeaient alors dans cette province.

"Je vois bien, s'écria Jeanne, que j'aurai de rudes épreuves à Poitiers où l'on me mène ; mais Dieu m'assis- 35 tera. Allons-y donc avec confiance."

XVI.

Interrogée avec bonté, mais avec scrupule, par les
docteurs, elle les confondit tous par sa foi en elle-même
autant que par sa patience et par sa douceur. L'un d'eux
lui dit :

5   "Mais si Dieu a résolu de sauver la France, il n'a pas
besoin de gens d'armes.
     —Eh ! répondit-elle, les gens d'armes batailleront, et
Dieu donnera la victoire."
     Un autre lui dit :

10   "Si vous ne donnez point d'autres preuves de vos
paroles, le roi ne vous prêtera point de soldats pour les
mettre en péril.
     —Par mon Dieu ! répliqua Jeanne, ce n'est pas à
Poitiers que j'ai été envoyée pour donner des signes ; mais

15 conduisez-moi à Orléans, avec si peu d'hommes que vous
voudrez, et je vous en donnerai. Le signe que je dois
donner, c'est de faire lever le siège d'Orléans !"
     Et comme les docteurs lui citaient des textes et des
livres qui défendaient de croire légèrement aux révéla-

20 tions :
     "Cela est vrai, répondit-elle ; mais il y a plus de choses
écrites au livre de Dieu qu'aux livres des hommes."   .
     Enfin les évêques déclarèrent que rien n'était impossible
à Dieu et que la Bible était pleine de mystères et d'ex-

25 emples qui pouvaient autoriser une humble femme à combattre sous des habits d'homme pour la délivrance de son
peuple. La reine Yolande de Sicile, belle-mère du Dauphin,
et les dames les plus vénérées de la cour, attestèrent la
pureté de vie et la chasteté de la prophétesse.   On n'hésita

30 plus à lui confier l'armée qui devait, sous le duc d'Alençon,
son plus zélé croyant, aller secourir Orléans.

XVII.

On lui forgea une armure légère et blanche de couleur,
en signe de la candeur de l'héroïne. Elle réclama une
longue épée rouillée, marquée de cinq croix, qu'elle déclara
être enfouie dans la chapelle d'une église voisine de Chinon
et qu'on y trouva. On lui remit en main un étendard blanc 5
aussi, semé de fleurs de lis, fleurs héraldiques de la France.
Elle chevaucha ainsi, suivie du vieux et brave chevalier
Daulon, son protecteur ; de deux jeunes enfants, ses pages ;
de deux hérauts d'armes, d'un chapelain, d'une suite nom-
breuse de serviteurs, et d'une foule de peuple qui bénissait 10
d'avance en elle le miracle et le salut. Elle fut reçue triomphalement à Blois par les chefs de l'armée, rassemblés pour
la voir et pour obéir à ses inspirations divines : le maréchal
de Boussac, Dunois, Lahire, Xaintrailles, tous avertis par
le chancelier de respecter dans cette fille la mission de Dieu 15
et la volonté du roi. Mais le fanatisme passionné du peuple
pour la vierge guerrière de Domrémy imposait à l'armée
plus encore que l'ordre du Dauphin. Servante de Dieu
autant que du trône, Jeanne commença par réformer les
désordres des mœurs et les scandales de l'armée. On jeta 20
aux flammes les cartes, les dés, les instruments de sorcellerie
et de jeux de toutes sortes dans le camp et dans la ville.
Des prédicateurs populaires s'attachèrent aux pas de Jeanne,
et prêchèrent les femmes et les soldats. L'un d'eux s'exalta
d'un tel fanatisme et remua tellement le peuple en tribun 25
plutôt qu'en prêtre, que le pape le fit saisir par l'inquisition
et brûler vif comme fauteur d'hérésie. Un autre, le frère
Richard, moine de l'ordre des cordeliers, entraînait de
telles multitudes par sa parole que des milliers d'hommes
et d'enfants couchaient sur la terre nue, autour de la tribune, 30
en plein air, la veille de ses prédications. Le vent de
l'esprit soufflait comme une tempête sur les âmes. La
religion, le patriotisme et la guerre agitaient les foules.
L'humble Jeanne suivait à pied, dans les rues de Blois,
les prédicateurs. Mais son humilité même la désignait à 35
la passion de la multitude. Le cordelier couvait de jaloux
ombrages contre elle, tout en affectant de partager le

fanatisme de l'armée. Tout était préparé dans les choses
et dans les esprits pour les miracles, l'envie même, et le
supplice après le triomphe.

L'armée, purifiée par les réformes et par la discipline
5 que Jeanne avait introduites, se recrutait de nombreuses
compagnies d'hommes d'armes, accourant de toutes les
provinces au bruit du prodige. L'étendard de la vierge
de Domrémy était véritablement l'oriflamme de la France.

XVIII.

Les chefs, pressés de profiter de cet enthousiasme, ébran-
10 lèrent leurs troupes. Jeanne, consultée par eux, voulait
que, sans considération du nombre et de l'assiette des
Anglais, on marchât droit à Orléans par la route la plus
courte, celle de la Beauce. Les généraux feignirent d'y
consentir, mais ils la trompèrent pour le salut des troupes
15 et lui firent traverser la Loire pour s'avancer à l'abri du
fleuve par les bois et les marais de la Sologne. Le chapelain
de Jeanne marchait en tête de l'armée, portant sa bannière
et chantant des hymnes. La marche ressemblait à une procession où le prêtre guide les soldats. Jeanne arriva le troi-
20 sième jour en face d'Orléans. En voyant le fleuve entre
elle et l'armée, elle s'indigna d'avoir été trompée par les
généraux. Elle voulait qu'on attaquât sur l'heure les fortifications des Anglais interposées entre son armée et la ville.
On endormit son impatience.
25 Dunois, qui avait le commandement général de l'armée
de secours et de l'armée d'Orléans, s'élança dans une frêle
barque en apercevant la pucelle du haut des remparts.
Quand il eut pris terre au pied de son cheval :
"Est-ce vous, lui dit-elle, qui êtes le bâtard d'Orléans ?
30 —Oui, dit Dunois, et bien réjoui de votre venue !"
Mais elle, d'une voix de doux reproche :
"C'est donc vous qui avez conseillé de prendre la route
éloignée de l'ennemi par la Sologne ?
—C'est le conseil des plus vieux et sages capitaines, dit
35 Dunois.

—Le conseil de Dieu, monseigneur, répliqua Jeanne,
est meilleur que les vôtres. Vous avez cru me tromper, et
vous vous êtes trompés vous-mêmes. Ne craignez rien ;
Dieu me fait ma route, et c'est pour cela que je suis née.
Je vous amène le meilleur secours qu'ait jamais reçu cheva- 5
lier ou cité, le secours de Dieu !..."

En ce moment, le vent qui soulevait les flots de la Loire
en sens contraire de son cours et qui empêchait les barques
chargées de vivres et d'armes d'aborder au port d'Orléans,
changea tout à coup comme par miracle, et la ville fut ravi- 10
taillée malgré les Anglais.

Le lendemain, ayant congédié l'armée du roi qui n'avait
pour mission que d'escorter le convoi jusqu'aux portes et
qui devait retourner défendre la plaine, Jeanne entra dans
Orléans à la tête de deux cents lances seulement ; elle était 15
suivie du brave chevalier Lahire et de Dunois. Montée
sur une haquenée blanche, élevant son étendard dans la
main droite, revêtue de sa légère armure qui étincelait aux
yeux d'un doux éclat, elle était à la fois, pour les habitants
de la ville et pour les soldats, l'ange de la guerre et de la 20
paix. Les prêtres, le peuple, les femmes, les enfants, se
précipitaient sous les pieds de son cheval pour toucher seulement ses éperons, croyant qu'une vertu divine émanait de
cette envoyée de Dieu. Elle se fit conduire à l'église, où
l'on chanta un *Te Deum* de reconnaissance pour la ville 25
secourue. Mais le secours qui réconfortait le plus le peuple
était le secours surnaturel qu'il croyait voir et posséder dans
la prophétesse.

Jeanne fut conduite de la cathédrale dans la maison de
la femme la mieux famée de la ville pour que sa vertu fût à 30
l'abri des mauvais discours et que sa bonne renommée restât
intacte au milieu des camps. On lui avait préparé un festin.
Mais elle n'accepta qu'un peu de pain et de vin, en humilité
et en mémoire de la table frugale de son père.

XIX.

Elle dicta de là une lettre aux Anglais, qu'elle avait
méditée dans la route. Cette lettre était toute semblable,
par ses apostrophes et par son accent, aux sommations que
les héros d'Homère s'adressaient, avant de combattre, du
5 haut des murs, ou sur le champ de bataille.

"Roi d'Angleterre, disait-elle, et vous, duc de Bedford,
qui vous dites régent de France ; et vous, Guillaume, comte
de Suffolk ; Jean Talbot, et vous Thomas Scales, qui vous
prétendez lieutenant du duc de Bedford, obéissez au Roi du
10 ciel, rendez les clefs du royaume à la pucelle envoyée de
Dieu ! Et vous, archers et hommes d'armes qui êtes devant
Orléans, allez-vous-en, de par Dieu, en votre pays !...Roi
d'Angleterre, si ainsi ne faites, je suis chef de guerre, et, en
quelque lieu que je vous atteigne, je vous en ferai aller !...
15 Et croyez fermement que le Roi du ciel enverra plus de
force à moi que vous ne sauriez en mener dans tous vos
assauts."

Elle les conviait ensuite à la paix et leur promettait
sûreté et bon accueil s'ils voulaient venir traiter avec elle
20 dans Orléans.

Le rire, la dérision et les railleries cyniques des assiégeants furent la seule réponse à cette lettre de Jeanne.
Ils l'appelèrent ribaude et gardeuse de vaches. Ils retinrent
déloyalement prisonnier son héraut d'armes.. Elle en en-
25 voya un second à Talbot, pour lui offrir le combat en
champ clos sous les remparts de la ville.

"Si je suis vaincue, disait-elle à Talbot, vous me ferez
brûler sur un bûcher ; si je suis victorieuse, vous lèverez le
siège."
30 Talbot ne répondit que par le silence du dédain. Il se
serait cru déshonoré d'accepter le défi d'une enfant et d'une
fille.

XX.

Jeanne, appelée par respect pour la volonté du roi et
pour la superstition du peuple au conseil des généraux qui
35 commandaient les troupes, montra la même impatience de
combattre et la même confiance dans l'assistance qu'elle

portait en elle. Dunois affectait de lui céder en toute
chose, même contre son propre sentiment, sachant qu'en lui
cédant il satisfaisait le peuple et enflammait le soldat. Chef
aussi politique que guerrier, le bâtard, s'il ne croyait qu'à
demi aux révélations, croyait à l'enthousiasme. La grâce 5
et la foi de Jeanne le séduisaient lui-même. Il s'entendait
merveilleusement avec elle, l'éclairant de ses avis dans les
conseils, s'allumant de son héroïsme dans l'action.

Le sire de Gamaches, vieux soldat, témoin des conde-
scendances de Dunois et de Lahire pour les témérités de la 10
jeune fille, s'indigna, dès le premier jour, de ce qu'on préférait les révélations d'une paysanne à l'expérience d'un chef
consommé tel que lui.

"Puisqu'on écoute ici, s'écria-t-il, l'avis d'une aventurière
de basse condition, de préférence à celui d'un chevalier tel 15
que moi, je ne contesterai point davantage. Ce sera mon
épée qui parlera en temps et lieu, et peut-être y périrai-je ;
mais mon honneur me défend, ainsi que l'intérêt du roi,
d'obéir à de telles folies. Je défais ma bannière, et je ne
suis plus désormais qu'un simple écuyer. J'aime mieux 20
avoir pour chef un noble homme qu'une fille qui a peut-être
été je ne sais quoi !"

Puis, pliant sa bannière, il la remit à Dunois.

Jeanne ne respirait que la guerre, et tout retard dans la
délivrance du pays par les armes lui semblait un doute de 25
la parole divine et une offense à la foi. Elle monta à
cheval le jour même pour escorter un détachement qui allait
chercher à Blois des renforts, et au retour, lançant son
cheval sur le rempart d'une des forteresses dont les Anglais
avaient entouré la ville, puis, élevant la voix pour se faire 30
entendre d'eux, elle les somma d'évacuer les bastilles. Deux
chevaliers anglais, Granville et Gladesdale, célèbres par leur
bravoure et par le mal qu'ils avaient fait aux gens d'Orléans,
lui répondirent par des injures et par des mépris, la ren-
voyant à ses quenouilles et à ses troupeaux.   35

"Vous mentez, leur répliqua Jeanne. Avant peu, vous
sortirez d'ici ; beaucoup des vôtres y seront tués, mais vous-
mêmes vous ne le verrez pas !"

Leur prophétisant ainsi leur défaite et leur mort.

XXI.

Le second renfort, ramené de Blois par Dunois lui-
même, entra, sans avoir été attaqué, dans la ville. Dunois
vint remercier Jeanne du bon avis qui l'avait inspiré. Il lui
annonça l'arrivée prochaine d'une armée anglaise qui venait
5 compléter le blocus.

"Bâtard! bâtard! lui dit Jeanne, je te commande,
aussitôt que cette armée paraîtra en campagne, de me le
dire; car si elle se montre sans que je lui livre bataille, je te
ferai trancher la tête," ajouta-t-elle pour forme d'enjouement.
10   Dunois lui promit de l'avertir.

Le même jour (4 mai, 1429), comme elle était sur son
lit au milieu du jour, se reposant des fatigues qu'elle avait
prises le matin à chevaucher à la rencontre du renfort qui
lui venait de Blois, un souci surnaturel l'empêcha de dormir.
15 Tout à coup, se levant sur son séant, elle appela son écuyer,
le vieux sire de Daulon.

"Armez-moi, lui dit-elle. Le cœur me dit d'aller combattre les Anglais, mais il ne me dit pas si c'est contre leurs
forts ou contre leur armée."

20   Pendant que le chevalier lui revêtait son armure, une
grande rumeur s'éleva dans les rues. Le peuple croyait
que l'on égorgeait les Français aux portes.

"Mon Dieu! dit Jeanne, le sang des Français coule sur
la terre! Pourquoi ne m'a-t-on pas éveillée plus tôt? Mes
25 armes! mes armes! Mon cheval! mon cheval!"

Et, sans attendre le sire de Daulon encore désarmé lui-
même, elle se précipite, demi-vêtue en guerre, hors de la
maison. Son petit page jouait comme un enfant sur le seuil.

"Ah! méchant page, qui n'êtes pas venu m'avertir que
30 le sang de la France était répandu! lui dit-elle. Allons
vite, mon cheval!"

Elle s'élança sur son cheval; et, s'approchant d'une
fenêtre haute d'où on lui tendit son étendard, elle partit au
galop et courut au bruit, vers les portes de la ville. En y
35 arrivant, elle rencontra un des siens qu'on rapportait blessé
et sanglant dans les murs.

"Hélas! dit-elle, je n'ai jamais vu le sang d'un Français
sans que mes cheveux se dressassent sur ma tête!"

C'était la bastille de Saint-Loup que les chevaliers français avaient tenté de surprendre et que Talbot vainqueur venait de secourir en les chassant jusqu'aux remparts d'Orléans. Jeanne s'élança hors des portes, rallia les vaincus, appela les renforts, refoula Talbot, assaillit la forteresse, fit 5 la garnison prisonnière, et, passant à l'instant de la colère à la pitié, pleura sur les morts et sauva du carnage les vaincus. Inspirée et champion tout à la fois de sa cause, le miracle de son insomnie, de son intelligence, de son bras et de sa pitié éleva au-dessus de tous les doutes la foi de son nom 10 dans les camps de la France et la terreur de son apparition dans les camps de l'Angleterre. Elle voulait épargner le sang même des ennemis. Résolue à une attaque décisive de leurs forteresses, elle monta au sommet d'une tour, et attachant à une flèche la lettre où elle les sommait de se 15 rendre et leur promettait merci, elle banda l'arc et lança le trait dans leur camp. Ils restèrent sourds à cette seconde sommation et lui renvoyèrent par d'autres flèches les plus infâmes répliques. Elle en rougit en les entendant lire, et ne put même s'empêcher de pleurer devant ses gens. Mais 20 elle se consola vite, en pensant que Dieu lui rendait plus de justice que les hommes.

"Bah ! dit-elle en essuyant ses yeux, mon Seigneur sait que ce ne sont que des mensonges."

· XXII.

Elle commanda, de l'avis de Dunois, une sortie et un 25 assaut général sur les quatre forteresses anglaises de la rive gauche de la Loire. L'attaque fut repoussée et les Français mis en fuite. Jeanne contemplait la bataille du haut d'une petite île au milieu du fleuve, et, voyant la déroute, elle se jeta dans une frêle barque, puis, traînant son cheval à la 30 nage par la bride, elle aborda au milieu de la mêlée. Sa présence, sa voix, son étendard, la divinité que les soldats croyaient voir luire sur son beau visage, les rallie, les retourne, les emporte à sa suite aux palissades ; elle subjugue les forteresses et y met le feu de sa propre main. La 35 cendre des bastilles anglaises, trempée du sang de leurs

défenseurs, fut le trophée de cette victoire. Jeanne revint triomphante, blessée au pied par une flèche. Elle perdait son sang sans vouloir prendre ni boisson ni nourriture, parce qu'elle avait juré de jeûner ce jour-là pour le salut de son
5 peuple. Dunois et ses lieutenants croyaient avoir assez fait de délivrer un des bords du fleuve :

"Non, non, dit Jeanne ; vous avez été à vos conseils, et moi au mien. ' Croyez que le conseil de mon Roi et
10 Seigneur prévaudra sur le vôtre. Soyez debout demain avec l'armée ; j'aurai à faire ce jour-là plus que je n'ai eu jusqu'à ce jour. Il sortira du sang de mon corps, je serai blessée !"

En vain les capitaines ferment-ils les portes pour s'opposer le lendemain à son ardeur. Le peuple et les soldats,
15 fanatisés d'amour et de foi pour elle, se levèrent séditieusement contre eux et menacèrent les généraux. Les portes furent enfoncées par la multitude, qui s'élança comme un torrent sur les pas de sa prophétesse. Les chefs furent entraînés par les soldats. Dunois, Gaucourt, Gonthaut, de
20 Raiz, Lahire, Xaintrailles, s'élancèrent à l'assaut de la principale forteresse qui restait aux Anglais. L'armée anglaise, entourée de remparts et de fossés, foudroyait ces masses. Les échelles, brisées à coups de hache, se renversaient sur les assaillants. Le pied des fortifications était jonché de
25 morts. Le découragement saisissait la multitude ; Jeanne seule s'obstinait à sa foi. Elle saisit une échelle, et, l'appliquant contre le mur du rempart, elle y monte la première, l'épée dans la main. Une flèche lui traverse le cou vers l'épaule ; elle roule inanimée dans le fossé. Les Anglais,
30 pour qui Jeanne serait une victoire, sortent des retranchements pour l'enlever. Gamaches la couvre de sa hache et de son corps. Les Français reviennent à sa voix et la délivrent. Elle reprend ses sens et voit Gamaches blessé et vainqueur pour elle.

35   "Ah ! dit-elle en se repentant de l'avoir une fois contristé, prenez mon cheval, et sans rançon ! j'avais tort de mal penser de vous, car jamais je ne vis un plus généreux chevalier."

On emporta Jeanne à l'abri, pour la désarmer et pour
40 visiter sa blessure. La flèche sortait de deux largeurs de

main derrière l'épaule. Le sang l'inondait. Elle était
femme et faible pourtant, car elle pleura en voyant son
sang couler. Puis elle se reconsola, en priant ses célestes
protectrices dans le ciel. Elle arracha ensuite la flèche de
sa propre main, et répondit aux hommes d'armes qui lui 5
recommandaient des remèdes superstitieux d'enchanteurs et
de paroles magiques en usage alors dans les camps :
" J'aimerais mieux mourir que de pécher ainsi contre la
volonté de Dieu."

On pansa sa blessure avec de l'huile, et elle remonta à 10
cheval pour suivre à regret l'armée et le peuple découragés,
qui se retiraient.

XXIII.

Elle entra, pour prier, dans une grange. Le cœur lui
disait encore de combattre, mais elle n'osait tenter Dieu et
résister à l'avis des capitaines. 15

Cependant sa bannière était restée dans le fossé, au
pied de l'échelle d'où Jeanne venait d'être renversée.
Daulon, son chevalier, s'en étant aperçu, courut avec quelques hommes d'armes pour reprendre cette dépouille, qui
aurait trop enorgueilli les Anglais. Jeanne y courut à 20
cheval après eux. Au moment où Daulon remettait dans
les mains de sa maîtresse l'étendard, ses plis, agités par le
mouvement du cheval et par le vent, se déroulèrent au
soleil et parurent aux Français un signal que Jeanne leur
faisait pour les rappeler à son secours. Les Français, déjà 25
en retraite, accoururent de nouveau pour sauver leur
héroïne. Les Anglais qui la croyaient morte, la revoyant
à cheval à la tête des assaillants, la crurent ressuscitée ou
invulnérable : la panique s'empara d'eux. Les illusions du
feu des canons au milieu des fumées colorées de la poudre 30
leur firent voir des esprits célestes, divinités tutélaires
d'Orléans, à cheval dans les nuées, et combattant de l'épée
de Dieu pour Jeanne et sa cause. Une poutre, jetée sur le
fossé, servit de pont-levis à un intrépide chevalier qui fraya
le chemin des remparts à nos bataillons. Le commandant 35
anglais, Gladesdale, se repliant devant cette irruption, cher-

3—2

chait à traverser un second fossé pour s'enfermer dans le réduit.

"Rends-toi, Gladesdale! lui cria Jeanne. Tu m'as vilainement injuriée, mais j'ai pitié de ton âme et de celle 5 des tiens."

À ces mots, le pont-levis sur lequel combattait vaillamment la dernière poignée d'Anglais, brisé par les coups d'une poutre, s'abîme sous les combattants : la Loire recouvre leurs cadavres.

10 Jeanne, l'armure teinte de sang, entra au bruit des cloches dans Orléans, fière—mais humble—d'une victoire que l'armée devait toute à elle, mais qu'elle reconnaissait devoir toute à Dieu. L'ivresse du peuple la divinisait. Elle était son salut, sa gloire et sa religion à la fois. Jamais popu-15 larité ne confondit mieux le ciel et la terre dans une figure de vierge, de sainte et de héros. L'humilité de sa condition la rendait plus chère à cette multitude, parce qu'elle lui était plus semblable. Le salut sortait du chaume, comme à Bethléem.

XXIV.

20 Les généraux anglais reconnurent le bras de Dieu dans l'irrésistible ascendant de cette héroïne. Ils brûlèrent eux-mêmes le peu de forteresses qui leur restaient dans le pays, et défilèrent en retraite sous les remparts d'Orléans. Les chevaliers français et le peuple voulaient profiter de leur 25 découragement pour les insulter et les anéantir.

"Non, dit Jeanne avec une douce autorité, ne les tuez pas ; il suffit qu'ils partent."

Et, faisant dresser un autel sur les remparts d'Orléans, elle y fit célébrer le sacrifice du pardon et chanter les hymnes 30 de victoire pendant le défilé de ses ennemis.

Orléans délivré, c'était la délivrance du royaume. Cette ville fit de sa libératrice sa divinité tutélaire. Elle lui prépara des statues, n'osant encore lui vouer des autels.

XXV.

Mais Jeanne ne perdit pas de temps à savourer de vains triomphes. Elle ramena l'armée victorieuse au Dauphin, pour l'aider à reconquérir ville à ville son empire. Le Dauphin et les reines la reçurent comme une envoyée de Dieu, qui leur apportait les clefs perdues et retrouvées de 5 leur royaume.

"Je n'ai qu'un an à durer, dit-elle avec une prescience triste qui semblait lui révéler son échafaud dans sa victoire; il me faut donc vite employer."

Elle conjura le Dauphin d'aller se faire couronner im- 10 médiatement à Reims, bien que cette ville et les provinces intermédiaires fussent encore au pouvoir des Bourguignons, des Flamands et des Anglais. L'imprudence de ce conseil frappait les conseillers et les généraux de la cour. Le sacre du roi à Reims était, aux yeux de tous, une impossibilité 15 ou une témérité qui, pour une vaine ombre de puissance, leur ferait abandonner les fruits de la victoire actuellement dans leurs mains. On voulait reconquérir auparavant la Normandie et la capitale. Les conseils succédaient aux conseils. Jeanne se consumait d'ennui et d'inaction à la 20 cour; ses inspirations l'obsédaient, et à son tour elle obsédait humblement le Dauphin.

Un jour qu'il était enfermé avec un évêque et des confidents pour délibérer sur le parti à suivre, Jeanne vint doucement frapper à la porte du conseil. Le roi lui ouvrit, 25 reconnaissant sa voix.

"Noble Dauphin, lui dit-elle en s'agenouillant devant lui, ne tenez pas à de si longs conseils; venez recevoir votre couronne à Reims. On me presse là-haut de vous y mener. 30

— Jeanne, dit l'évêque à la jeune fille, comment votre conseil se fait-il entendre à vous?

— Oui, Jeanne, ajouta le roi, dites-nous comment?

— Eh bien, dit-elle, je me suis mise en oraison, et comme je me complaignais en moi-même de votre in- 35 crédulité à mon avis, j'ai entendu ma voix qui m'a dit: "Va, va, ma fille, je serai à ton aide; va!" Et quand

j'entends cette voix intérieure, je me sens merveilleusement
réjouie, et je voudrais qu'elle parlât toujours."
Le Dauphin lui céda, et donna le commandement de
l'armée au duc d'Alençon. On marcha contre les Anglais,
5 conduits par Suffolk. La masse des ennemis à traverser
ébranlait la confiance de la cour et de la poignée d'hommes
d'armes qui suivaient Jeanne. ·
"Ne craignez pas d'attaquer, dit-elle, car c'est Dieu
qui conduit notre œuvre. Si ce n'était de cela, n'aimerais-
10 je pas mieux garder mes brebis que de courir de tels
périls ? "
On la suivit, on traversa Orléans, tout plein encore de
sa gloire ; on marcha contre Suffolk, qui s'enferma dans
Jergeau. L'assaut qu'on y donna fut sanglant. Jeanne y
15 montant, son étendard à la main, fut renversée dans le
fossé par une grosse pierre qui brisa son casque sur sa tête.
Son acier et ses cheveux de femme la sauvèrent. Elle se
releva des eaux et emporta la ville.
Suffolk se rendit à un de ses chevaliers. Elle poussait
20 toujours l'armée en avant.
"Vous avez peur, gentil sire, disait-elle en souriant au
duc d'Alençon, qui unissait la prudence au courage ; mais
ne craignez rien, j'ai promis de vous ramener sain et sauf à
votre femme."
25 On cherchait une autre armée anglaise, commandée par
Talbot dans la Beauce. Séparé de cette armée par une
forêt, Lahire, qui menait l'avant-garde, ne savait quel sentier
prendre. Un cerf, parti sous les pieds de son cheval, se
précipite dans le camp des Anglais et les fait découvrir aux
30 cris que ne peut retenir ce peuple chasseur à la vue du
cerf. L'armée française, ainsi miraculeusement guidée,
marche à eux. Ils succombent. Leurs chefs les plus re-
doutés, Talbot, Scales, se rendent et sont traînés captifs
avec Suffolk aux pieds du Dauphin. Jeanne, après la
35 victoire, s'émeut de tendresse pour les vaincus désarmés ;
elle descend de son cheval, donne la bride à son page,
relève les blessés de l'herbe trempée de sang, et les panse
de ses propres mains.
Le régent, duc de Bedford, tremblait dans Paris.
40 "Tous nos malheurs, écrivait-il au cardinal de Win-

chester, sont dus à une jeune magicienne qui a rendu, par
ses sortilèges, l'âme aux Français."
  Le duc de Bourgogne, rappelé de Flandre par Bedford,
revint encourager et défendre Paris avec les Anglais.

XXVI.

Cependant Jeanne, après cette victoire, était retournée 5
vers le roi : elle l'avait enfin décidé à se rendre à Reims.
On tourna Paris par Auxerre, et on marcha sur Troyes,
capitale de la Champagne. La ville se rendit à la voix
de la libératrice d'Orléans. Jeanne, en se rapprochant
de son pays, excitait à la fois plus d'enthousiasme et plus 10
d'envie. Sa famille la reconnaissait enfin pour inspirée,
après l'avoir pleurée pour folle. Ses frères, appelés par elle
dans les camps, recevaient des honneurs et des armoiries
de la cour. Ils combattaient et triomphaient sous les yeux
de leur sœur.   15
  Mais le moine Richard, ce prédicateur jaloux dont nous
avons parlé, lui disputait déjà sa popularité par des suppo-
sitions de sorcellerie, perfidies jetées méchamment dans
le peuple. A son entrée à Troyes, il osa s'avancer vers
Jeanne et faire des exorcismes et des signes de croix sur 20
son cheval, comme s'il marchait contre un fantôme de
Satan.
  "Allons, approchez, dit Jeanne ; je ne m'envolerai
pas."
  Châlons et Reims ouvrirent leurs portes. Le roi fut 25
sacré, et la mission de Jeanne fut accomplie.
  "O gentil roi, disait-elle en embrassant ses genoux dans
la cathédrale, après qu'elle le vit couronné, maintenant est
fait le plaisir de Dieu, qui m'avait ordonné de vous amener
en cette cité à Reims pour recevoir votre sacre, maintenant 30
qu'enfin vous êtes roi, et que le royaume de France vous
appartient !"
  Elle était le *palladium* visible du peuple, dont le roi
n'était que le souverain. Les femmes lui faisaient toucher
leurs petits enfants comme si elle était une sainte relique. 35
Les soldats baisaient à genoux son étendard, et sanctifiaient

leurs armes en les approchant de son épée nue. Elle se
refusait modestement et religieusement à ces superstitions
et à ces adorations, ne s'attribuant d'autre vertu que l'obéissance aux ordres reçus de Dieu et accomplis par son in-
5 spiration.

" Oh ! disait-elle, en contemplant l'ivresse de ce roi rendu
à son peuple et de ce peuple rendu à son roi, que ne puis-je
mourir ici !

— Et où croyez-vous donc mourir ? lui demanda l'arche-
10 vêque de Reims.

— Je n'en sais rien, répondit la sainte fille : ce sera où
il plaira à Dieu. J'ai fait ce que mon Seigneur m'avait
chargé de faire. Je voudrais bien maintenant qu'il lui plût
de m'envoyer garder mes moutons, avec ma sœur et ma
15 mère !"

Elle commençait à sentir ce doute de l'avenir qui saisit
l'héroïsme, le génie, la vertu même, quand ils ont achevé la
première moitié de toute grande œuvre humaine, la montée
et la victoire, et qu'il ne leur reste plus que la seconde moitié,
20 la descente et le martyre. Elle commençait à entendre ces
voix, non plus du ciel, mais du foyer, qui rappellent en vain
l'homme, découragé de ses ambitions et de ses gloires, au
toit de ses premières tendresses, aux humbles occupations
de son enfance, et à l'obscurité de ses premiers jours.
25   Pauvre Jeanne, pourquoi n'écouta-t-elle pas ces voix ?...
Mais Dieu lui destinait un sort achevé. Il n'y en a point
sans l'iniquité des hommes et sans le martyre pour son
pays.

XXVII.

Le génie dans l'action est une inspiration du cœur ; mais
30 cette inspiration elle-même a besoin d'être servie par les
circonstances. Quand ces circonstances extrêmes, qui pro-
duisent en nous cette tension de toutes nos facultés qu'on
appelle génie, s'évanouissent ou se détendent, le génie lui-
même paraît s'affaisser. Il n'est plus soutenu par ce qui
35 l'élevait au-dessus de l'homme, et c'est alors qu'on dit des

héros, des inspirés ou des prophètes : Dieu a cessé de parler
en eux.

Telle était l'âme de Jeanne d'Arc après le sacre de
Charles VII. à Reims.   Aussi un grand abattement et une
fatale hésitation paraissent l'avoir saisie dès ce moment. 5
Le roi, le peuple et l'armée, qu'elle avait fait vaincre, voulaient qu'elle restât toujours leur prophétesse, leur guide et
leur miracle.   Mais elle n'était plus qu'une faible femme
égarée dans les cours et dans les camps, elle sentait sa
faiblesse sous son armure.   Son cœur seul lui restait, tou- 10
jours intrépide, mais non plus inspiré.   Elle voulait faire
parler un oracle qui n'avait plus ni divinité, ni langue, ni
voix.   On voit cet aveu naïf de l'état de son âme dans
ses réponses à ses juges, au moment de son procès.

La France n'avait plus besoin d'elle.   Le réveil en 15
sursaut du Dauphin par sa voix, ce prince jeune et vaillant
arraché par une bergère aux bras de ses maîtresses, la délivrance miraculeuse d'Orléans, la défaite de Bedford dans
les plaines de la Beauce, la captivité ou la mort des chevaliers anglais les plus renommés, le fanatisme religieux et 20
patriotique du peuple allumé par l'apparition, par la voix
et par le bras d'une jeune fille, et prenant partout des exploits pour des miracles ; toutes ces circonstances avaient
soufflé l'espérance et le patriotisme sur la surface du pays,
la terreur et l'hésitation dans le cœur des Bourguignons et 25
des Anglais.   Le sol répudiait ou dévorait les ennemis ; ils
se sentaient enfin usurpateurs sur le trône, étrangers dans
la patrie.   Le sacre de Reims, ce couronnement réputé
divin, qui faisait intervenir la main de Dieu et le beaume
céleste pour juger la légitimité des princes, avait rendu au 30
Dauphin non plus seulement l'amour, mais la religion du
peuple.   En défendant son roi, ce peuple croyait défendre
désormais l'élu du ciel.   Jeanne d'Arc avait été bien inspirée
en le menant droit aux autels de Reims.   Partout ailleurs
il n'aurait remporté qu'une victoire ou une ville ; à Reims 35
il avait remporté un royaume et une divine autorité.   La
révolte contre lui devenait blasphème et impiété.   Un politique consommé n'aurait pas mieux conseillé que cette
ignorante.   De plus, comme il arrive toujours dans les
revers, la division, la discorde, les rivalités, les récriminations 40

mutuelles s'étaient introduites dans les conseils des Anglais
et des Bourguignons. Le duc de Bourgogne, amolli par les
prospérités et par la débauche, se contentait de venir de
temps en temps de Flandre à Paris, pour étaler, comme
5 Antoine après le meurtre de César, le sang de son père
assassiné sous les yeux des Parisiens, et pour recueillir les
vaines popularités d'une multitude plus tumultueuse que
dévouée. Le duc de Bedford, régent de France pour le
roi d'Angleterre Henri VI, et le cardinal de Winchester,
10 souverain de l'Angleterre sous ce roi enfant, se haïssaient
et se desservaient mutuellement, en ayant l'apparence de
s'entendre et de se soutenir. Le cardinal, alarmé cependant
des revers trop honteux de Bedford, amenait à Paris une
nouvelle armée. Le duc tremblait dans cette ville. Toutes
15 les villes et toutes les provinces environnantes tombaient
devant les forces croissantes du roi de France, et l'étendard
de Jeanne, déployé sous les murs des places assiégées,
suffisait pour les ouvrir à Charles. La superstition du
peuple croyait voir voltiger autour de cet étendard des étin-
20 celles de flamme, rayonnement des puissances célestes qui
entouraient l'envoyée de Dieu.

Son humilité ne s'exaltait point au sein de ses triomphes,
ni sa chasteté ne se ternissait dans les camps.

Chaque soir, disent les chroniques, elle allait prendre
25 son logis dans la maison de la femme la plus honnêtement
famée du lieu, et souvent même couchait dans son lit. Elle
passait la nuit ses armes sous la main, et à demi vêtue de
ses habillements d'homme de guerre.

Elle ne s'énorgueillissait aucunement des honneurs qu'on
30 lui rendait.

"Ce que je fais, disait-elle sans cesse au peuple superstitieux, n'est pas un miracle de moi, mais un ministère qui
m'est commandé: c'est pourquoi je suis soutenue. Ne
baisez point mes habits ou mes armes comme prodiges, mais
35 comme instruments des grâces de Dieu."

XXVIII.

Après quelques manœuvres des Français et des Anglais
autour de Paris pout en tenter la route ou pour la fermer,
le roi s'avança jusqu'à Saint-Denis, et le duc de Bedford se
hâta de s'enfermer dans la ville pour la défendre à la fois 5
contre l'assaut du roi et contre la mobilité du peuple.
Le duc de Bourgogne, commençant à pressentir où allait
la victoire, et redoutant moins pour sa politique un roi, son
parent, dans Paris, que la puissance anglaise assise sur les
deux rives de la Manche, à côté de ses Flandres, com- 10
mençait à négocier secrètement avec Charles VII. Jeanne
d'Arc, consultée sur ces négociations, les encourageait de
tous ses efforts. Les lettres qu'elle dictait pour le duc de
Bourgogne ne respiraient que la paix, le pardon réciproque
et l'union de tous les membres de la famille française contre 15
l'étranger. Son cœur, qui savait rendre de si bons secours
aux hommes d'armes, rendait Jeanne de meilleur conseil encore aux politiques. La sagesse transpire dans chacun de
ses mots. On ne peut révoquer en doute l'influence con-
ciliatrice de ses lettres sur le duc de Bourgogne. Elle 20
n'excluait même pas les Anglais de sa tolérance et de son
désir de paix. Elle n'injurie pas les ennemis du roi, elle
les conjure. Sa charité dans les paroles égale son intrépidité dans le combat.
Elle pressait le roi d'attaquer Paris, prenant son désir 25
pour une lumière et son impatience pour une inspiration.
Les généraux résistaient encore. Elle les entraîna, malgré
eux, jusqu'au faubourg de la Chapelle Saint-Denis. Elle s'y
logea avec l'avant-garde commandée par le duc d'Alençon,
par le maréchal Gilles de Retz, par le maréchal de Boussac, 30
par le comte de Vendôme et le sire d'Albes. Elle fit
camper l'armée dans les villages en face des portes du nord
de la capitale.
Mais le peuple, contenu par l'armée de Bedford, par le
parlement et par la bourgeoisie trop compromise avec les 35
Anglais et les Bourguignons pour ne pas craindre la vengeance du roi, ne s'émut que pour défendre les étrangers

qui asservissaient la capitale et le trône. L'esprit de sédi-
tion, entretenu par Isabeau, les Armagnacs et les factions
pendant tant d'années, avait éteint la nationalité dans l'âme
de cette ville inconstante.   On ferma les portes, on inonda
5 les fossés, on entassa les pavés sur les créneaux, on viola
les dépôts publics pour solder les troupes, on répandit le
bruit que le roi et sa magicienne avaient juré de faire passer
la charrue sur les ruines de la capitale.

Jeanne, informée de ces rumeurs, s'efforçait de les dé-
10 mentir par la discipline qu'elle maintenait dans les troupes
du roi.   Indignée un jour des scandales donnés par quelques
soldats qui insultaient une jeune fille des champs, elle
frappa un des coupables sur la cuirasse, du plat de son
épée, et avec une si sainte colère, que l'épée se brisa en
15 deux tronçons.   C'était l'épée miraculeuse qui avait opéré
tant de prodiges dans sa main : funeste présage !   Le roi la
gronda, Jeanne elle-même pleura son épée.

"Mais, disait-elle, elle préférait son étendard blanc et sa
petite hache d'armes ; car elle ne frappait jamais pour tuer,
20 mais pour vaincre, et le sang d'un ennemi ne souilla jamais
ses armes."

Elle s'attribuait à elle-même, prêtresse de la délivrance
de sa patrie, cette loi du sacerdoce qui répugne au sang :
toujours femme, même au milieu des guerriers.

25   Après une semaine d'inutile attente, Jeanne fit donner
l'assaut aux remparts, du sommet de cette petite colline
couverte aujourd'hui de rues, d'édifices et de temples, qui
a gardé le nom de Butte des Moulins.   Elle franchit, avec
le duc d'Alençon et les généraux, le premier fossé sous le
30 feu de la ville.   Parvenue au bord du second et exposée
presque seule aux traits des remparts, elle sondait la pro-
fondeur de l'eau et la vase du bout de sa lance et faisait
combler le fossé de fascines par les soldats, tout en agitant
sa bannière et en criant à la ville rebelle de se rendre,
35 quand une flèche lui traversa la jambe et la jeta évanouie
sur un monceau de morts et de blessés.   On la transporta
sur le revers de la berge du fossé où les flèches et les feux
passaient par-dessus sa tête, et on l'étendit sur l'herbe pour
arracher la flèche de sa blessure.   Elle retrouva la voix et
40 les gestes pour encourager les siens à l'assaut.   Les vaillants

chevaliers la suppliaient en vain de se laisser rapporter au
camp, les flèches et les boulets labouraient en vain la terre
autour d'elle, les fossés se comblaient en vain de cadavres :
elle s'obstinait à la victoire ou à la mort. On eût dit que
c'était le dernier assaut qu'elle donnait elle-même à sa 5
fortune. Le duc d'Alençon, tremblant de perdre en elle
l'âme et la foi de l'armée, fut forcé d'accourir lui-même et
de l'enlever dans les bras de ses soldats du champ de carnage où elle voulait mourir. La nuit couvrait les murs et
la plaine. Les généraux du roi firent silencieusement re- 10
tirer les troupes. Pour dérober leurs pertes aux regards
des Parisiens quand le jour viendrait, ils relevèrent les morts
des bords du fossé, ils les entassèrent, comme dans un
bûcher, dans la grange de la ferme des Mathurins, et les
brûlèrent pendant les ténèbres pour ne laisser que de la 15
cendre aux Anglais.

Ce revers, confondant avec tant d'éclat les prophéties
de Jeanne d'Arc, fut le premier démenti du ciel à son esprit
divinatoire et la première atteinte au prestige populaire de
son infaillibilité. Elle commença elle-même à douter d'elle- 20
même. Son esprit chancela avec sa fortune. Elle s'humilia
devant Dieu et devant le roi, et, renonçant à la guerre, elle
suspendit son armure blanche et son épée sur le tombeau
de Saint Denis, dans la basilique. Mais le roi et les chevaliers la supplièrent tellement de les reprendre et s'accusè- 25
rent tellement eux-mêmes des fautes qui avaient déconcerté
ses prophéties, qu'elle eut la faiblesse de les revêtir encore
par complaisance pour l'armée, et de continuer à inspirer
et à combattre, quand le souffle n'inspirait plus et quand
l'esprit ne combattait plus en elle. 30

XXIX.

L'armée se dissémina après l'enterprise malheureuse sur
Paris ; des trèves se conclurent pour donner du temps aux
négociations. Jeanne s'en alla en Normandie, pour aider
le duc d'Alençon à reconquérir son apanage personnel sur 35
les Anglais. Le sire d'Albret la requit ensuite d'aller guer-

royer avec lui à Bourges. Elle fit des prodiges au siège
de Saint-Pierre-le-Moutier. Elle retrouva son génie inspi-
rateur dans la fumée de l'assaut. Presque seule sur le
.revers du fossé et abandonnée des siens, elle combattait
5 encore. Son fidèle écuyer, Daulon, lui criait en' vain :
"Que faites-vous, Jeanne? vous êtes seule !
—Non, dit-elle en montrant du geste l'espace vide et
le ciel, j'ai cinquante mille hommes !"
Et, continuant à rappeler les soldats découragés et à
10 leur faire honte de leur découragement devant son audace,
elle les ramena aux murs et les escalada victorieusement
à leur tête.
À la reprise des hostilités entre Charles VII et les
Anglais, elle ramena au roi une armée, sous les murs de
15 Paris. Détrompée des négociations, elle lui dit cette fois
"que la paix était au bout de sa lance." Elle rompit plusieurs corps de Bourguignons et d'Anglais, et s'enferma dans
Compiègne pour le défendre, comme Orléans, contre le duc
de Bourgogne. Le sort des Français y luttait, comme dans un
20 champ clos, contre la fortune des deux armées d'Angleterre
et de Flandre. Un homme intrépide et féroce, Guillaume
Flavy, commandait la ville. La rumeur des temps l'accusait
d'animosité ou de dédain contre l'héroïne populaire des
camps.
25 Jeanne avait promis de sauver la ville. Dans une des
premières sorties de la garnison contre les assiégeants, elle
combattit avec sa première audace contre les troupes de
Montgomery et le sire de Luxembourg. Deux fois repoussée,
elle ramena deux fois la victoire à son étendard. A la fin
30 de la journée, les Anglais et les Bourguignons, réunis et
concentrant tous leurs efforts sur la poignée de chevaliers
qui l'entouraient, s'attachèrent à elle seule, comme à la
seule âme de leurs ennemis et au seul mobile de leur défaite.
Cernée et poursuivie au milieu des siens, elle se sacrifia
35 pour sauver ceux qui s'étaient confiés à elle. Pendant qu'ils
passaient le pont-levis pour rentrer dans Compiègne, elle
resta la dernière exposée aux coups des Anglais et combattant pour le salut de tous. Au moment où, demeurée
seule, elle lançait son cheval sur le pont-levis pour s'abriter
40 derrière les murs, le pont se leva et lui ferma le passage.

Saisie par ses vêtements et précipitée de son cheval, elle se
releva pour combattre encore ; mais, entourée et désarmée
par la masse croissante de ses ennemis, elle se rendit prisonnière à Lionel, bâtard de Vendôme, et fut conduite au
sire de Luxembourg, général du duc de Bourgogne.   5
Aucune victoire ne valait, aux yeux des Anglais et des
Bourguignons, le trophée que le hasard ou la trahison venait
de leur livrer. Jeanne était, à leurs yeux, le génie sauveur
de la France et de Charles VII. Ils croyaient, en la tenant,
tenir son trône.   10
Le duc de Bourgogne accourut lui-même pour s'assurer
de son triomphe en contemplant sa captive. Il l'entretint
en secret dans la chambre où on l'avait enfermée. Le
canon des camps et le *Te Deum* des cathédrales célébrèrent
à l'instant la prise de Jeanne d'Arc dans toutes les villes et 15
dans toutes les provinces des alliés. C'était la France elle-
même que l'on croyait conquise dans cette jeune fille. Le
peuple, au contraire, pleura et gémit partout sur son sort.
On s'entretenait à demi-voix, dans les camps et dans les
chaumières, de la prétendue trahison du sire de Flavy, com- 20
mandant de Compiègne, qui avait, selon le peuple, vendu
l'héroïne de Dieu au sire de Luxembourg. On rapportait
à l'appui de cette accusation, sans preuves et sans vraisemblance, les pressentiments et les propos de Jeanne la veille
du dernier combat.   25
"Hélas ! mes bons amis, mes chers enfants, avait-elle dit
à ses hôtes et à ses pages, je vous le dis avec tristesse, il y a
un homme qui m'a vendue ; je suis trahie, et bientôt je serai
livrée à la mort. Priez Dieu pour moi, car bientôt je ne
pourrai plus servir mon roi ni le noble royaume de France!" 30
Pressentiment ou soupçon qui, dans une fille nourrie de
l'Évangile, rappelait ceux de son divin Maître dans la cène
funèbre avec ses amis. Faisait-elle allusion au brave Flavy,
guerrier trop rude pour flatter les crédulités populaires, mais
trop courageux pour trahir? ou pensait-elle à la jalousie du 35
moine Richard, dont les accusations la poursuivaient? Nul
ne sait sa pensée, mais tous étaient frappés de ses présages.
Sa mère, qui l'était venue voir à Reims et qui s'étonnait
de son intrépidité dans les batailles, lui ayant dit un jour :
"Mais, Jeanne, vous n'avez donc peur de rien?   40

— Non, lui avait-elle répondu ; je ne crains rien que la trahison ! "

C'est sous la trahison, en effet, que l'héroïsme, la vertu et le génie succombent. Facultés puissantes qu'on ne peut 5 combattre face à face à la lumière, et qu'on prend au piège comme l'aigle et le lion !

On remarquait depuis quelque temps un redoublement de ferveur en elle. Elle entrait le soir dans les églises et chapelles des champs, et s'agenouillait au milieu des enfants 10 à qui on enseignait les mystères. On la surprenait rêvant et priant à l'écart sous l'ombre des plus noirs piliers. Elle avait son agonie des Olives avant d'avoir son supplice comme le maître qu'elle servait. Cette agonie de l'âme et du corps redoubla d'amertume après sa captivité. Les lois 15 de la guerre et de la chevalerie, son sexe, son âge, sa beauté, la douceur et l'humanité qu'elle avait toujours montrées après la victoire, le scrupule même qu'elle avait gardé de ne jamais verser le sang dans les combats, la pureté de ses mœurs, la naïveté de sa foi, tout devait lui promettre et lui 20 assurer les sauvegardes, les pitiés, les respects qu'on devait à un guerrier qui s'était rendu et à une femme qui faisait l'admiration et le récit des camps. C'était une infâme félonie pour un chevalier de livrer ou de vendre à un autre les prisonniers remis à sa merci. L'hospitalité forcée de la 25 prison était aussi sacrée que celle du foyer. Le sire Lionel de Ligny, à qui Jeanne s'était rendue, répondait de sa captive devant l'usage et devant l'honneur. Il ne pouvait, d'après les lois et coutumes de la guerre, se dessaisir de Jeanne que contre sa rançon, si la France lui en faisait une. 30   Mais Ligny dépendait du sire de Luxembourg, en qualité de vassal. Il avait intérêt à flatter ce seigneur, de qui relevaient ses domaines. Le plus précieux présent qu'il pût offrir au sire de Luxembourg, allié lui-même du duc de Bourgogne, pour capter sa faveur, c'était le génie tutélaire 35 de Charles VII. Après avoir d'abord envoyé Jeanne, captive, dans un de ses propres châteaux, voisin de la Picardie, . il la livra au sire de Luxembourg. Le duc de Bourgogne la marchandait déjà à Luxembourg ; les Anglais, au duc de Bourgogne ; l'inquisition de Paris la revendiquait d'eux tous, 40 pressée de purger la terre de cette victime, dont le patriotisme était le crime aux yeux de cette inquisition, alliée à l'usurpation :

" Usant des droits de notre office, écrivait le vicaire général de l'inquisition aux gens du duc de Bourgogne, nous requérons instamment et enjoignons, au nom de la foi 5 et sous les peines de droit, d'envoyer et amener prisonnière devant nous Jeanne, soupçonnée de crimes, pour être procédé contre elle par la sainte inquisition."

Ainsi, c'étaient des Français qui demandaient à venger l'Angleterre, l'Église de France qui demandait à sévir contre 10 la liberté de ses propres autels !

Le sire de Luxembourg, étranger, fut moins cruel que les compatriotes de l'héroïne. Il l'envoya dans son château de Beaurevoir, où les dames de sa famille furent douces et compatissantes pour elle. L'Université de Paris, scan- 15 dalisée de ces égards et de ces délais, et lâchement alliée avec l'inquisition contre l'innocence et le malheur, appuya par des lettres plus impératives et plus ardentes les injonctions du vicaire général de l'inquisition :

" En vérité, disait l'Université au sire de Luxembourg, 20 au jugement de tout bon catholique, jamais de mémoire d'homme il ne serait advenu une si grande lésion de la sainte foi, un si énorme péril et dommage pour la chose publique en ce royaume, que si elle échappait par une voie si damnable et sans une convenable punition !" 25

On voit qu'en tous les temps les haines des hommes paraissent les justices des juges, et que ni les lettres ni les fonctions sacerdotales ne préservent les corps politiques de ces détestables adulations à leur parti. Luxembourg résistant encore, l'Université et l'inquisition suscitèrent l'au- 30 torité ecclésiastique dans la personne de l'évêque de Beauvais, homme féroce et fanatique, nommé Cauchon. Il fut le Caïphe de ce Calvaire. Cauchon, par principe ou par intérêt, était vendu à la cause ennemie jusqu'à l'âme. Il osa signifier au duc de Bourgogne de lui livrer sa prisonnière, 35 et il lui en débattait le prix :

" Bien que cette femme ne doive pas, disait-il dans sa requête, être considérée comme prisonnière de guerre, néanmoins, pour récompenser ceux qui l'ont prise et retenue, le roi (c'était le roi anglais des Parisiens) veut bien leur donner 40

six mille francs (somme considérable alors), et au bâtard qui
l'a prise une rente de trois cents livres."

Il offrait de plus, pour sûreté du dépôt qu'il demandait,
dix mille francs, "comme pour un roi, un prince, un grand
5 de l'État ou un Dauphin."

Le sire de Luxembourg, n'osant résister à la fois au désir
secret du duc de Bourgogne, à l'empire des Anglais dans la
coalition, à l'Université, organe de l'Église, céda à regret à
ces influences réunies et remit Jeanne. Crime collectif, où
10 chacun se décharge de sa responsabilité, mais dont Paris
a l'accusation, Luxembourg la lâcheté, l'inquisition l'arrêt,
les Anglais la félonie et le supplice, la France la honte et
l'ingratitude !

XXX.

15   Ce marchandage de Jeanne par ses ennemis, dont les
plus acharnés étaient des compatriotes, avait duré six mois.
Elle avait été arrachée avec douleur aux soins et aux amitiés
des femmes de la maison de Luxembourg à Beaurevoir,
transportée à Arras, puis à Rouen où elle arriva enchaînée.
20 Pendant ces six mois, l'influence de cet ange de la guerre
sur les troupes de Charles VII, son âme qui survivait dans
les conseils et dans les camps de ce prince, la superstition
patriotique du bas peuple pour elle, superstition que sa
captivité n'avait fait que redoubler, l'absence enfin du duc
25 de Bourgogne, lassé de la guerre, enclin à négocier, rassasié
de puissance, ivre d'amour et de fêtes, oisif dans ses États
de Flandre, toutes ces causes avaient entraîné revers sur
revers pour les Anglais, succès sur succès pour Charles VII.
Jeanne, absente, triomphait partout. La haine contre
30 son nom montait à proportion des désastres de leur cause
dans le cœur des Anglais, de l'Université et de l'inquisition,
partisans serviles ou intéressés de cette monarchie de l'é-
tranger. La politique voulait qu'on éteignît ce prestige
populaire dans le sang de l'héroïne ; un clergé aveuglé
35 voulait qu'on brûlât la magie avec la magicienne ; la
passion voulait de la vengeance ; la peur, de la sécurité.

La condamnation et la mort de Jeanne étaient le complot
tacite de ces vils instincts du cœur humain. L'évêque de
Beauvais pressait le procès. Il s'ouvrit à sa requête. Il y
avait une telle impatience de condamner dans les autorités
sacrées et laïques, que le clergé de Beauvais autorisa 5
Cauchon à se substituer à l'archevêque de Rouen, dont
l'archevêché était alors en interrègne.

Les chevaliers des trois nations, même ceux que leur
déloyauté aurait dû faire rougir devant la captivité troquée
et livrée par eux, semblaient aussi réjouis d'être affranchis 10
de la présence de Jeanne, que l'inquisition était elle-même
pressée de la sacrifier à leur ressentiment. On raconte que,
peu de temps avant la comparution de l'accusée devant
ses juges, le sire de Luxembourg dont elle avait été la
prisonnière et qui l'avait vendue à sa propre cupidité, tra- 15
versant Rouen, alla, par un passe-temps cruel, se repaître
de sa vue dans sa prison : il menait avec lui le comte de
Strafford et le comte de Warwick, comme pour leur montrer
la terreur des Anglais désarmée et enchaînée.

"Jeanne, lui dit-il, avec une ironie qui tentait sa crédu- 20
lité pour la tromper, je suis venu pour te délivrer et pour
te mettre à rançon, à condition que tu promettras de ne
plus t'armer contre nous,

— Ah! mon Dieu! répondit la prisonnière avec un
accent de doux. reproche, vous vous riez de moi. Vous 25
n'en avez ni le pouvoir ni la volonté. Je sais bien que les
Anglais me feront mourir, croyant gagner le royaume par
ma mort ; mais, fussent-ils cent mille de plus, ils n'auront
pas ce royaume !"

Strafford tira sa dague du fourreau, comme pour venger 30
ce défi courageux de la captive à ses geôliers ; Warwick,
plus loyal et plus humain, détourna le bras et prévint
l'outrage.

XXXI.

Plus de cent docteurs ecclésiastiques et séculiers avaient 35
été réunis à Rouen pour former le terrible tribunal. On
eût dit que les juges pervers ou fanatiques de cette grande

cause avaient voulu se partager l'iniquité en un plus grand
nombre, afin d'en diminuer la responsabilité et l'horreur
pour chacun d'eux aux yeux de la France et de l'avenir.
Ces cent juges cependant n'avaient autorité que pour in-
5 former contre l'accusée et pour discuter les accusations et
les preuves ; l'évêque de Beauvais et le vicaire de l'inquisiteur général Jean Lemaître avaient seuls le droit de
prononcer. Ils avaient prononcé d'avance dans leur cœur.
On n'avait rien épargné pour se procurer des incriminations
10 contre Jeanne. Des informateurs, envoyés à Domrémy
pour chercher des crimes jusque dans son berceau et pour
souiller sa vie par ces rumeurs populaires qui sont les pré-
ludes des grandes calomnies, n'avaient recueilli là que des
témoignages de sa foi, de sa candeur et de sa vertu. Ses
15 jeunes compagnes d'enfance, fidèles à la vérité et à l'amitié,
avaient parlé d'elle avec compassion et avec larmes. Les
soldats n'en parlaient qu'avec admiration, le peuple qu'avec
reconnaissance. Il avait fallu chercher dans des sources
plus ténébreuses et plus immondes des éléments d'accusa-
20 tion. La plus sacrilège perfidie les avait ouvertes.
Un prêtre se disant Lorrain et compatriote de Jeanne,
nommé Loiseleur, fut jeté dans sa prison, sous prétexte
d'attachement à Charles VII, afin que la parenté de patrie,
la conformité d'opinion et la communauté de peines ouvris-
25 sent le cœur de Jeanne à la confiance et à la confidence.
Pendant que Loiseleur interrogeait sa compagne de captivité
et s'efforçait d'arracher à son âme des aveux convertis en
crimes, l'évêque de Beauvais et le comte de Warwick,
cachés derrière une cloison, assistaient, invisibles, aux en-
30 tretiens et notaient les épanchements de la plainte. Les
tabellions, cachés aussi avec l'évêque et chargés d'enregistrer ces mystères, rougirent eux-mêmes de leur office et
refusèrent d'écrire d'aussi infâmes surprises de la conscience.
Loiseleur continua son œuvre de perdition sous un autre
35 déguisement. Il s'insinua dans la piété de Jeanne, reçut
ses confessions dans le cachot, et, s'entendant avec l'évêque,
il conseilla, sous le sceau de Dieu, à sa pénitente tous les
aveux qui pouvaient donner prétexte à la condamnation.
Pendant ces préliminaires du procès à Rouen on in-
40 timidait les témoins qui auraient pu parler à sa décharge

ou à sa gloire. Une femme du peuple de Paris, ayant dit
que Jeanne était une fille d'honneur, fut brûlée vive.

XXXII.

Telles étaient les dispositions des juges et de l'esprit
public à Paris et à Rouen, quand l'évêque fit enfin com- 5
paraître l'accusée devant lui, le 21 février. Poursuivie par
ses ennemis, elle semblait oubliée de ses amis. Charles VII,
victorieux et insouciant de celle qui l'avait fait vaincre,
traitait déjà avec le duc de Bourgogne ; il ne paraît pas
avoir fait une tentative efficace pour racheter celle qui allait 10
mourir pour lui.

L'évêque, dans la crainte que l'accusée ne fût soustraite
un seul moment à la garde des Anglais et enlevée par
quelque émotion patriotique du peuple, instruisit le procès
dans le château de Rouen, commandé par Warwick, capi- 15
taine des gardes du roi Henri VI d'Angleterre. Ce fut
dans la chapelle de ce château que Jeanne enchaînée, mais
toujours revêtue de ses habits de guerre, parut devant lui.
Le vicaire de l'inquisiteur général, touché d'on ne sait quels
scrupules ou de quelle pitié pour la victime, paraît avoir 20
contenu plutôt qu'excité le féroce dévouement de l'évêque,
et donné au procès quelques formes d'impartialité et de
douceur. L'Église jugeait alors et ne frappait pas de sa
propre main. Satisfaite de purger l'hérésie ou le sacrilège
par son jugement, elle laissait aux pouvoirs civils l'odieux 25
et l'impopularité de l'exécution. L'inquisition, dans cette
cause, paraît avoir été moins avide de condamner Jeanne
d'Arc que de la juger. C'était un pouvoir romain. Jeanne,
en effet, n'avait offensé que les Anglais dont l'évêque de
Beauvais était le complaisant et le ministre. 30
L'évêque parla à l'accusée avec mansuétude, comme
pour attester une impartialité ou une pitié qui donneraient
ensuite plus d'autorité à l'arrêt. Elle se plaignit d'abord
doucement du poids et de la pression des anneaux de fer
qui blessaient ses membres. L'évêque lui dit que ces fers 35
étaient une précaution qu'on avait été contraint de prendre

pour prévenir ses tentatives réitérées d'évasion. La prisonnière avoua qu'au commencement de sa captivité elle
avait naturellement désiré de s'enfuir, mais qu'il n'y avait
en cela ni déloyauté ni crime à elle, puisqu'elle n'avait
5 jamais donné à personne sa foi de ne pas sortir du château.
Le procès ne dit pas si on allégea ses fers.

Après cet épisode, on lui lut son acte d'accusation,
moins politique que religieux, dans lequel elle était chargée
de crimes contre la foi, d'hérésies et de sortilèges.

10 Interrogée ensuite sur son âge, elle répondit qu'elle
avait dix-neuf ans environ. Sur sa croyance, elle répondit
que sa mère lui avait enseigné le *Pater*, l'*Ave* et le *Credo*,
les deux prières et la profession de foi des fidèles, et que
personne autre que sa mère ne lui avait rien appris de sa
15 religion. On la somma de prononcer à haute voix ces deux
prières et cet acte de foi de son enfance : elle craignit
apparemment de commettre, en les récitant en latin devant
des docteurs, quelque omission ou quelque erreur dont on
ferait un texte d'hérésie contre elle.

20   "Je les réciterai de bien bon cœur, dit-elle, pourvu que
monseigneur l'évêque de Beauvais, ici présent, consente à
m'entendre en confession."

Elle ne croyait pas, sans doute, pouvoir mieux convaincre le juge de la sincérité et de l'orthodoxie de sa foi
25 qu'en ouvrant son âme au prêtre. La cour, la longue captivité, l'amour de la vie à un âge si tendre, inspiraient à
la jeune fille l'habileté ingénue et la prudence instinctive
de sa situation. On la ramena, chancelante sous ses fers,
dans son cachot.

30   Le jour suivant, on lui demanda de jurer de dire la
vérité sur toute chose dont elle serait requise. Elle réserva
les choses qui ne lui appartenaient pas à elle seule, mais à
Dieu et au roi.

"Je dirai sur les unes toute la vérité, répondit-elle ; sur
35 les autres, non."

On ne put réprimander cette sagesse, et on poursuivit.

"Vous a-t-on appris un métier ? lui dit-on.

— Oui, répondit-elle, ma mère m'a appris à coudre aussi
merveilleusement qu'une femme de la ville."

40   Elle avoua qu'elle avait une fois quitté furtivement la

maison de sa mère, mais que c'était par crainte des bandes
de Bourguignons errants dans la contrée; qu'une femme,
nommée La Rousse, l'avait menée au village de Neufchâtel;
qu'elle avait habité quelques jours à peine dans cette
famille; que pendant ce temps elle faisait le petit trafic de 5
domestique ou le ménage de cette maison, mais qu'elle
n'allait point aux champs ni aux bois garder les brebis ou
autres bêtes. Elle avoua que, dès l'âge de treize ans, elle
avait entendu des voix et avait été éblouie par des lumières
dans le jardin de sa mère, du côté de l'église; que ces voix 10
ne lui avaient donné que de sages conseils; qu'elles lui
avaient ordonné obstinément de venir en France et de faire
lever le siège d'Orléans; qu'elle avait resisté, mais qu'après
de longs combats elle avait obtenu de son oncle qu'il la
mènerait à Vaucouleurs, où le sire de Baudricourt lui avait 15
dit, en la laissant partir pour Chinon :
"Va, et qu'il en advienne ce qu'il plaira à Dieu !"
Elle raconta sans vanité comme sans crainte, sa pré-
sentation au Dauphin et l'instinct qu'elle avait eu de le
reconnaître entre tous. On lui demanda ce qu'elle avait 20
dit en secret au Dauphin; elle refusa de s'expliquer, de
peur de révéler des scrupules du roi sur la légitimité de sa
naissance. Interrogée si elle avait vu quelque signe divin
ou quelque esprit céleste autour du frout du dauphin :
"Excusez-moi de ne rien répondre sur ceci, dit-elle."   25
Et elle rentra dans son cachot pour cette nuit-là.
L'évêque, à l'ouverture de la troisième séance, l'ad-
monesta de nouveau pour qu'elle eût à dire la vérité sur
toutes choses, même les choses d'État sur lesquelles elle
serait interrogée.   30
"Monseigneur l'évêque, dit-elle, réfléchissez bien que
vous êtes mon juge et que vous prenez une grande charge
devant Dieu, si vous me pressez trop."
Innocente devant l'Eglise, elle sentait qu'elle serait infailliblement coupable devant les ennemis du roi, et, en 35
écartant les interrogations politiques, elle écartait la mort.
L'évêque le savait comme elle ; il la pressa en vain de tomber dans le piège.
"Non, dit-elle, je dirai tout vrai, mais je ne dirai pas
tout !"   40

Ce fut ainsi qu'elle restreignit son serment pour restreindre son danger.

On reprit l'interrogatoire, dans l'intention de tirer de la naïveté de la jeune fille des aveux de sorcellerie.

5   "Vous entendez toujours votre voix intérieure?
— Oui.
— Quand l'avez-vous entendue la dernière fois?
— Hier, et encore aujourd'hui.
— Que faisiez-vous quand la voix vous parla?
10   — Je dormais, et elle m'éveilla.
— Vous êtes-vous mise à genoux pour lui répondre?
— Non; je la remerciai seulement de sa consolation, étant assise sur mon lit, et je la priai de me consoler et de m'assister dans ma détresse.
15   — Vous dit-elle qu'elle vous sauverait du péril où vous êtes?
— À cela je n'ai rien à répondre."

Les questions de l'évêque la pressant davantage, elle lui répéta de nouveau qu'il courait un grand danger dans
20 son âme en se montrant à la fois son juge et son ennemi.

"Les petits enfants, ajouta-t-elle, disent qu'on pend bien souvent les innocents pour avoir répondu la vérité.
— Vous croyez-vous en état de grâce devant Dieu, lui
25 demanda l'évêque."

Elle réfléchit un peu, puis elle répondit, en femme attentive à la fois à Dieu et aux hommes, ne voulant ni offenser l'un ni scandaliser les autres:

"Si je n'y suis pas, qu'il plaise à Dieu de m'y rétablir!
30 si j'y suis, qu'il plaise à Dieu de m'y maintenir!"

Cette sage réponse déconcerta les accusateurs, et ils dirigèrent l'interrogatoire du côté politique.

"Les habitants de Domrémy tenaient-ils, lui demanda-t-on, pour les Bourguignons ou pour les Armagnacs?
35   — Je ne connaissais qu'un homme du parti des Bourguignons."

C'était son compère, parrain d'un enfant dont elle était marraine, à qui une fois elle avait dit:

"Si vous n'étiez pas du parti des Bourguignons, je vous
40 dirais bien une chose."

Mais la différence d'opinion lui ferma la bouche et le
cœur sur ses visions avec cet homme.

"Alliez-vous avec les petits enfants du village qui se
séparaient, par jeu, en camps des Français et des Anglais
pour s'entre-combattre ?   5
— Je n'ai pas mémoire d'y avoir été ; mais je les ai bien
vus quelquefois revenir tout blessés et saignants de ces
batailles.   .
— Aviez-vous dans votre jeune âge de la haine vive
contre les Bourguignons?   10
— J'avais bien bonne volonté que le Dauphin eût son
royaume."
On la congédia pour ce jour-là.
Elle comparaît de nouveau le 27 février. Son angoisse
était telle, qu'elle troublait la pensée de ses juges eux-   15
mêmes.
"Comment, lui demanda un des assesseurs, vous êtes-
vous portée depuis le samedi ?
— Du mieux que j'ai pu, répondit Jeanne.
— Avez-vous observé les jours de jeûne !   20
— Cela est-il dans votre procès?" dit-elle en s'étonnant.
Et comme on répondit que cela y était :
"Oui, dit-elle, j'ai toujours jeûné les jours d'abstinence."
On revient à ses apparitions pour en inférer quelque
magie. Elle raconta avec la même candeur de foi les visites 25
de saint Michel, de sainte Marguerite, de sainte Catherine,
noms qu'elle avait donnés dans son enfance à ces visiteurs
inconnus de son âme. Et comme on insistait pour savoir
d'elle tout ce que ces esprits de diverses formes lui inspiraient :   30
"Il y a, dit-elle sévèrement, des révélations qui s'adressent au roi de France, et non à ceux qui osent interroger !
— Ces esprits étaient-ils nus quand ils vous visitaient?
lui dit-on.   35
— Pensez-vous donc, répliqua-t-elle, que le Roi des
cieux n'a pas de quoi les revêtir de sa lumière?
— Voulez-vous nous dire le signe que vous avez donné
au Dauphin pour lui faire connaître que vous venez de la
part de Dieu?   40

— Je vous ai déjà dit que ce qui touche le roi, je ne le
dirai jamais; allez le lui demander à lui-même."

Le jour suivant, on lui demanda si ses révélations lui
avaient prédit qu'elle échapperait à la mort.

5   "Cela ne touche point au procès, dit-elle.   Voulez-vous
donc que je parle contre moi-même?   Je m'en fie à Dieu
qui en fera à son plaisir.

— N'avez-vous point demandé des habits d'homme à la
reine, quand vous lui avez été présentée?

10   — Cela est vrai.

— Ne vous a-t-on jamais invitée à dépouiller vos habits
d'homme de guerre, et à reprendre vos habillements de
femme?

— Oui vraiment, et j'ai toujours répondu que je ne
15 changerais mes habits que par l'ordre de Dieu.   La fille du
sire de Luxembourg, qui conjurait son père de ne pas me
livrer aux Anglais, m'en pria, ainsi que la dame de Beaurevoir, quand j'étais prisonnière dans leur château.   Elles
m'offrirent des habits de femme ou du drap pour les faire.
20 Je répondis que je n'en avais pas encore congé de Dieu
et que le temps n'en était pas venu.   Si j'eusse cru pouvoir
le faire innocemment, je l'aurais plutôt fait pour ces deux
bonnes dames que pour complaire à aucunes dames qui
soient en France excepté la reine."

25   On sentait que les égards et les compassions des femmes
de la maison de Luxembourg l'avaient touchée d'une reconnaissance qu'elle se plaisait à leur témoigner jusque devant
la mort.

"N'avez-vous point fait faire image de votre ressem-
30 blance?   Ne disait-on pas prière et oraison dans les camps
et dans les villes en votre nom?

— Si ceux de notre cause ont prié en mon nom, je
l'ignore, et ils ne l'ont point fait de mon consentement.
S'ils ont prié pour moi, il me semble qu'à cela il n'y avait
35 point de mal.   Beaucoup de gens me voyaient, il est vrai,
avec joie, et, se pressant autour de moi, baisaient mes habits,
mes armes, mon étendard, et ce qu'ils pouvaient atteindre
de moi; c'était parce que les pauvres m'approchaient avec
confiance, que je ne leur faisais ni déplaisir ni affront, mais
40 que je les soulageais et les préservais autant que je le pou-

vais des maux de la guerre. Les femmes et les filles faisaient toucher leurs anneaux à l'anneau de mon doigt, mais
je ne connaissais point en elles de mauvaises intentions à
ceci. Pendant que j'étais à Reims, à Château-Thierry, à
Lagny, il est vrai que plusieurs me requéraient d'être mar- 5
raine de leurs enfants et que j'y consentais. Mais je ne fis
jamais de miracles. L'enfant que l'on me pria de tenir à
Lagny avait trois jours; les jeunes filles l'apportèrent à
Notre-Dame, pour la prier de lui donner la vie. J'allai avec
elles prier à son autel. Finalement, l'enfant donna signe 10
de vie, remua les lèvres, fut baptisé, puis mourut aussitôt.

— Le roi ne vous donna-t-il pas écu, armes et trésors,
pour son service?

— Je n'eus ni écu, ni armes; mais le roi en donna à mes
frères. Quant à moi, je n'eus de lui que mes chevaux, 15
cinq de bataille et sept de route, et l'argent pour payer mes ·
hôtes."

On revint sur le signe qu'elle avait donné au Dauphin,
et on lui demanda de le décrire. Mais elle, parlant en
double sens et faisant allusion à ce signe qui n'était autre 20
que le royaume de France:

"Aucun, dit-elle, ne pourrait en décrire la richesse.
Quant à vous, ajouta-t-elle avec un dédaigneux enjouement
qui attestait la liberté de son esprit, le signe qu'il vous faut,
c'est que Dieu me délivre de vos mains, et c'est le plus 25
éclatant qu'il vous puisse envoyer!"

Elle avoua, dans les séances suivantes, que son père
avait eu un songe pendant qu'elle était enfant, dans lequel
songe il avait vu avec terreur sa fille Jeanne guerroyant avec
les gens d'armes. Requise de parler de ses révélations, 30
elle trancha d'un mot les pièges et répondit que tout ce
qu'elle avait fait de bien, elle l'avait fait par ses propres
inspirations. On lui demanda s'il n'y avait aucun signe
magique sur un anneau qu'elle portait au doigt, et pourquoi
elle regardait cet anneau avec piété au moment des 35
batailles.

"C'est, dit-elle, qu'il y avait gravé sur le laiton le nom
de Jésus, et parce qu'aussi cet anneau lui rappelant avec
plaisance son père et sa mère, elle aimait à le sentir en sa
main et à son doigt. 40

— Pourquoi, lui dit-on, fîtes-vous porter votre étendard
en la cathédrale de Reims, au sacre du roi?

— Il avait été à la peine, répondit Jeanne en animant à
son cœur le signe inanimé; c'était bien juste qu'il fût au
5 triomphe!"

• Tentée d'abord dans sa simplicité, puis dans son patriotisme, il restait à la tenter dans sa conscience. La tentation
sur ce point, était sûre de vaincre. L'université, l'inquisition, le pouvoir épiscopal représenté par l'évêque de Noyon,
10 étaient du parti de la royauté anglaise, des Bourguignons et
des Parisiens. Contester l'obéissance à ce parti leur semblait être la refuser à l'Église. On lui demande de reconnaître en tout l'autorité de cette Église. Elle ne peut ni
consentir à renier sa cause politique, ni refuser son consen-
15 tement sans se déclarer rebelle à la foi.

"Je m'en remets à mon juge," répond-elle avec une
sublime inspiration d'habileté qui transporte plus haut le
jugement pour confondre les juges humains. Elle ne sort
plus de cette réponse, qu'elle oppose sept fois, dans les
20 mêmes termes, à toutes les ruses de l'accusation.

"Enfin, lui dit-on avec impatience, voulez-vous ou non
vous soumettre au pape?

— Conduisez-moi à lui, répond-elle, et je lui répondrai à
lui-même."

25 Tout le reste de ce jour elle se tait. Torturée dans sa
conscience, elle s'avoue à elle-même son angoisse dans cette
prière qu'elle adresse au ciel pour qu'il la délivre de la tentation:

"Très-doux Dieu, dit-elle à son Seigneur, je vous re-
30 quiers par votre Passion, si vous m'aimez, de me révéler
ce que je dois répondre à ces gens d'Église. Je sais bien,
quant à la vie, ce que je dois faire; mais quant au reste,
je n'entends pas le commandement de mes guides."

Ses angoisses, plus terribles que les fers de son cachot
35 et que la présence de la mort, la jetèrent dans une maladie
qui interrompit les interrogatoires publics. Mais l'évêque
et ses assesseurs allèrent l'obséder jusqu'au pied du pilier
où elle languissait enchaînée de corps, malade de fièvre,
troublée d'esprit. On lui demanda si elle se soumettait de
40 cœur à un concile. Elle ignorait ce qu'était un concile.

On lui expliqua que c'était une assemblée générale de l'Église. Elle dit alors qu'elle s'y soumettait. Cette profession d'obéissance la sauvait. Le tabellion, présent, l'écrivit. L'évêque s'en aperçut et, voulant à tout prix livrer sa proie aux partis dont il était l'organe: · 5 "Taisez-vous donc, de par Dieu! cria-t-il au docteur qui avait adressé la question et obtenu la réponse."

Puis, se tournant vers le tabellion, il lui défendit d'écrire ce qui absolvait l'accusée.

"Hélas! dit Jeanne en regardant pitoyablement l'é- 10 vêque, vous écrivez ce qui est contre moi, et vous ne voulez pas écrire ce qui est pour!"

Warwick, informé par l'évêque, rencontra le soir le docteur inhabile ou miséricordieux, l'apostropha avec co- lère, l'accusa de souffler cette scélérate et le menaça de le 15 faire jeter à la Seine. Les docteurs, tremblants, se sauvèrent de Rouen, et la prison de Jeanne se referma pour tous, même pour Cauchon. La soif de son supplice était si ardente, que le parti anglais tremblait que la maladie ne l'enlevât aux bourreaux. 20

"Pour rien au monde, disait le gardien de la tour, le roi ne voudrait qu'elle mourût de mort naturelle. Il l'a achetée assez cher pour qu'elle soit brûlée. Qu'on la guérisse au plus vite!"

L'évêque cependant s'introduisit de nouveau dans sa 25 prison et lui exposa le danger de son âme, si elle mourait sans adopter le sentiment de l'Église.

"Il me semble, répondit-elle, que vu la maladie que j'ai, je suis en grand péril de mort; s'il en doit être ainsi, que Dieu fasse à son plaisir de moi! Je voudrais seule- 30 ment avoir confession de mes péchés, et terre sainte après ma mort."

On lui demanda s'il fallait faire prières et procession pour obtenir sa guérison.

"Oui, dit-elle; j'aimerais bien que les bonnes âmes 35 priassent pour moi."

On revint sur l'accusation de suicide qu'on lui avait imputée au sujet d'une tentative désespérée d'évasion qu'elle avait faite pendant sa première captivité au château de Beaurevoir. Elle avoua que l'horreur de se sentir 40

captive et désarmée pendant que son roi et les Français
combattaient et versaient leur sang, avait égaré son âme ;
qu'elle s'était précipitée du haut des créneaux dans le fossé,
au risque d'y perdre la vie ; que, tombée de si haut et
5 évanouie de sa chute, elle avait été reprise, et qu'en recou-
vrant ses sens elle avait senti sa faute et demandé pardon à
Dieu.
  Sa jeunesse la sauva d'une mort pour une autre mort.
Les forces lui revinrent.
10   Les injures, les outrages, la joie et les chants de ses geôliers
lui annonçaient le jugement prochain et la condamnation
certaine.
  Jusqu'ici elle avait refusé de prendre des vêtements de
femme ; dans son cachot elle portait encore ses vêtements
15 d'homme de guerre.
  L'évêque lui faisait un crime de ce costume qui rappelait
ses exploits. Il mettait au prix de ce changement d'habits
la permission qu'elle sollicitait de prier du moins avec les
fidèles et d'assister au sacrifice du dimanche. Elle y con-
20 sentit, à condition que les vêtements de femme qu'elle
revêtirait seraient semblables à ceux des filles pudiques des
bourgeoises de Rouen : une robe longue et serrée à la taille,
dont les plis l'envelopperaient avec décence contre les outrages de ses profanateurs.
25   Pendant la semaine sainte et le jour de la résurrection
du Christ, où toute la chrétienté s'associait à l'agonie de
l'Homme-Dieu et à la joie de sa résurrection, Jeanne sentit
plus douloureusement sa solitude et sa séparation du troupeau des âmes. Le son des cloches joyeuses de Pâques
30 résonna dans son cœur, comme une ironie qui contrastait
avec son isolement et sa tristesse.
  Cependant l'Université de Paris, consultée sur les
procès-verbaux de ses interrogatoires, l'avait déclarée possédée de Satan, impie envers sa famille, altérée du sang des
35 fidèles.
  Les légistes, consultés de même, avaient restreint sa
culpabilité au cas où elle s'obstinerait dans ses erreurs.
L'inquisiteur et l'évêque de Beauvais lui-même, intimidés
au dernier moment par la clameur populaire qui commençait
40 à s'apitoyer sur cette innocente, semblaient s'adoucir et se

contenter de la condamnation, du repentir et de la captivité,
au lieu de la mort.   Ils firent une suprême tentative pour
arracher une apparence de désaveu de son obstination à la
victime, pensant ainsi satisfaire à la fois le peuple par l'indulgence, les Anglais par la punition.   On arracha Jeanne, 5
toute malade et affaiblie de corps, aux ténèbres de son pilier
où elle languissait depuis quatre mois, pour la torturer en
public dans son âme.   On avait dressé deux échafauds
dans le cimetière de Saint-Ouen, derrière la basilique de ce
nom.   Le cardinal de Winchester, représentant le pouvoir 10
royal des Anglais en France; Cauchon, représentant la
servilité ambitieuse vendant son pays pour des honneurs;
les juges, le clergé, les docteurs, les assesseurs, les prédicateurs de l'Université, représentant la légalité au service
de la force, étaient assis sur un de ces échafauds.   Jeanne, 15
les chaînes aux pieds et aux mains, attachée à un poteau
par une ceinture de fer, entourée de tabellions prêts à enregistrer ses paroles et de ministres de la torture, armés de leurs
instruments de douleurs, prêts à lui arracher les faiblesses
ou les cris de la nature, le bourreau avec sa charrette sous 20
ses yeux, prêt à emporter son cadavre mutilé, étaient en
face sur l'autre échafaud.   Un peuple immense, superstitieux,
frappé de cet appareil, partagé entre le respect pour les
autorités civiles et religieuses, la crainte de l'étranger,
l'horreur de cette prétendue magicienne et la pitié pour 25
cette jeune fille dont la beauté éclatait plus touchante sous
l'ombre de la mort, frémissait sur la place et sur les toits.
Un prédicateur célèbre du temps, Guillaume Erard, apos-
trophait Jeanne et s'efforçait de la ramener à un désaveu de
ses erreurs et à la soumission complète à ce que l'Église dé- 30
ciderait des droits des deux compétiteurs.
     "O noble maison de France, s'écriait-il, croyant ren-
forcer ainsi ses arguments par une invocation pathétique à
la race des Valois, ô noble maison de France, qui fus toujours
protectrice de la foi, comment as-tu été si pervertie que de 35
t'attacher à une hérétique schismatique?   Oui, c'est de toi,
Jeanne, que je parle, ajouta-t-il en la foudroyant du geste;
c'est à toi que je dis que ton roi est schismatique et
hérétique!"
     Jeanne, qui jusque-là avait écouté en silence et en 40

humilité les injures qui ne tombaient que sur sa tête, ne put
contenir son cœur en entendant outrager son Dauphin :
"Par ma foi ! sire, s'écria-t-elle en interrompant le pré-
dicateur, je jure qu'il est le plus noble chrétien de tous
5 les chrétiens, celui qui aime le mieux la foi et l'Église, et
qu'il n'est rien de ce que vous dites !
— Faites-la taire, cria l'évêque de Beauvais."
Les huissiers lui imposèrent silence. Alors l'évêque lui
lut un modèle de rétractation à laquelle on la conjurait de
10 se conformer.
"Je veux bien me soumettre au pape, dit Jeanne.
— Le pape est trop loin, dit l'évêque.
— Eh bien, qu'elle soit brûlée ! cria le prédicateur."
Les huissiers, les bourreaux, le peuple, qui l'entouraient,
15 la conjuraient de signer un acte dressé de soumission à
l'Église, qui n'était qu'une rétractation de ses ignorances
devant Dieu, sans rien désavouer de sa cause et de ses sentiments devant les hommes.
"Eh bien je signerai, dit-elle."
20 À ces mots, une grande clameur de soulagement s'éleva
de la foule. L'évêque de Beauvais demanda à Winchester
ce qu'il devait faire :
"Il faut, dit l'Anglais, l'admettre à la pénitence."
C'était lui octroyer la vie. Pendant que les courtisans
25 de Winchester se querellaient avec l'évêque de Beauvais
sur l'échafaud, prétendant qu'il avait favorisé l'accusée, et
pendant que l'évêque les démentait avec colère, un secrétaire
s'approcha de Jeanne et lui présenta la plume pour signer
la rétractation qu'elle ne pouvait lire. La pauvre fille
30 rougit et sourit à sa propre ignorance, en roulant gauchement la plume dans ses doigts qui maniaient si bien l'épée.
Elle traça, sous la direction de l'huissier, un rond et au
milieu une croix, signature symbolique de son martyre.
Puis on lui lut sa sentence de grâce, qui la condamnait à
35 passer le reste de sa vie en prison, pour y déplorer ses
péchés, au *pain de douleur* et à l'*eau d'angoisse*. A ces mots,
les partisans du règne anglais et les soldats de cette cause,
trompés dans leur espoir de vengeance par une sentence
qui leur paraissait une lâcheté, du moment qu'elle n'était
40 pas la mort, murmurèrent, s'agitèrent, s'ameutèrent tumul-

tueusement autour du tribunal; et, ramassant les pierres et
les ossements du cimetière, les lancèrent sur l'échafaud
contre le cardinal, l'évêque, les juges et les docteurs.

"Misérables prêtres fainéants, vous trahissez le roi!"
Mais les juges, pour échapper à cette grêle de pierres 5
et pour traverser en sûreté la foule, disaient aux plus
furieux:
"Soyez tranquilles, nous la retrouverons bien d'une
autre façon."
La haine de ce peuple qu'elle aimait tant étonnait 10
Jeanne plus que la mort.
Elle rentra au château, poursuivie par les vociférations
de la multitude. Elle y retrouva les fers, les pièges et les
outrages de ses ennemis.
"Les affaires de notre roi tournent mal, dit le com- 15
mandant du château, Warwick; la fille ne sera pas
brûlée!"
On lui enleva pendant son sommeil ses habits de femme,
qu'elle avait revêtus en signe d'obéissance sur l'échafaud,
et on la contraignit ainsi à reprendre ses habits d'homme, 20
qui étaient à côté de son lit. À peine eut-elle revêtu par
nécessité ce costume dont on faisait le signe de son crime
et de son obstination, qu'on appela l'évêque pour la surprendre en récidive. L'évêque la gourmanda rudement sur
sa rechute après son abjuration. Elle protesta qu'elle n'avait 25
rien abjuré que ses péchés, et qu'elle aimait mieux mourir
que de vivre ainsi rivée aux piliers de son cachot. L'évêque
de Beauvais, convaincu de la passion de son parti pour le
supplice de cette fille dont l'existence rappelait des défaites
aux Anglais et des crimes aux Bourguignons, renonça à la 30
disputer à Warwick. Il convainquit les sages et les docteurs
de la nécessité de punir cette impénitente par la mort.
Les ecclésiastiques la livrèrent à la justice civile, chargée
de l'application et de l'exécution de leur sentence, dont,
comme Pilate, ils se lavaient les mains. Cette sentence la 35
conduisait au bûcher.
Un confesseur envoyé par l'évêque pénétra dans sa
prison et lui annonça le prochain supplice.
"Hélas! hélas! s'écria-t-elle en étendant ses bras autant
que les chaînes lui permettaient de les ouvrir et en renver- 40

sant sa tête échevelée, faut-il me traiter si horriblement et
si cruellement, que mon corps net et pur, qui ne fut jamais
souillé d'aucune tache ni corruption, soit tout à l'heure
consumé et réduit en cendres ! Ah ! j'aimerais mieux être
5 décapitée sept fois que d'être brûlée ! Ah ! j'en appelle à
Dieu, le grand juge des injustices et des tortures qu'on me
fait endurer !"
    L'âme se rattachait au corps au moment de le perdre
dans le feu, la vie luttait avec la foi, la femme reparaissait
10 dans le soldat.   On lui accorda comme dernière faveur la
communion des mourants dans son cachot.   L'évêque assistait parmi les gens du château à ce secours des bourreaux
de son âme.   Elle l'aperçut et lui dit avec un doux reproche :
15   "Évêque je meurs par vous !"
    Elle reconnut aussi parmi les assistants un prédicateur
qui lui avait fait des admonitions pendant le procès, et
avec lequel elle avait contracté cette familiarité du prisonnier envers ceux qui le visitent :
20   "Ah ! maître Pierre, lui dit-elle toute en larmes, où serai-
je ce soir ?"
    On lui rendit les habillements de femme pour le sup-
plice.   On l'y conduisit sur une charrette, entre son confesseur et un huissier.   Un moine charitable la suivit à
25 pied, priant pour son âme et représentant la dernière pitié
au pied de l'échafaud.   Il se nommait Isambart : l'histoire
doit son nom à tous ceux qui savent aimer jusqu'à la mort.
Le fourbe Loiseleur, employé par l'évêque pour arracher à
Jeanne ses secrets sous le semblant de la confession, monta
30 avant le départ sur la charrette pour obtenir de sa victime
le pardon de sa trahison.   Les Anglais eux-mêmes s'ameutèrent à la vue de ce traître et le couvrirent de huées et de
menaces : versatilité naturelle aux foules, qui veulent bien
frapper, mais non trahir !
35   "O Rouen, Rouen ! disait-elle en se lamentant, c'est
donc ici que je dois mourir ?"
    Elle s'étonnait que le ciel la laissât mourir si jeune,
avant qu'elle eût fini son œuvre et que la France tout
entière fût purgée par elle de ses oppresseurs ; elle attendait
40 incertaine un miracle ou la mort jusqu'au pied du bûcher.

XXXIII.

L'évêque, l'inquisiteur, l'Université, les docteurs, l'atten-
daient sur une estrade en face d'un monticule de plâtre,
recouvert de bois sec préparé pour le sacrifice humain.
Quand le char fut arrivé au pied de l'estrade :

"Va en paix, Jeanne, lui dit, au nom des juges, le prédi- 5
cateur; l'Église ne peut plus te défendre, elle t'abandonne
au bras séculier!"

Excuse cruelle de ceux qui avaient prononcé le crime et
qui ne laissaient à d'autres que l'œuvre matérielle de la
mort!   10

Jeanne alors s'agenouilla sur le char, non pour demander grâce de la vie aux juges qui la condamnaient, mais
pour demander la grâce du paradis à l'évêque et aux prêtres
qui la jetaient au feu. Elle joignit les mains, inclina la
tête, et, s'adressant avec une naïve et pathétique ardeur 15
tantôt à ses divins protecteurs dans le ciel, tantôt à ses
bourreaux assis au-dessous d'elle sous l'échafaud, elle invo-
qua leur assistance, leur compassion et leurs prières avec un
accent si tendre et avec des sanglots de femme si entremê-
lés de déchirantes exclamations, qu'à la vue de cette jeunesse, 20
de cette innocence, de cette beauté près de tomber en cendres, et à l'accent de cette plainte qui semblait sortir déjà
de la flamme, les docteurs, les inquisiteurs, les huissiers,
Winchester, l'évêque de Beauvais lui-même fondirent en
larmes, et qu'un certain nombre d'entre eux, ne pouvant 25
soutenir cette figure et cette voix et se sentant évanouir de
compassion, descendirent de l'échafaud et se perdirent dans
la foule.

La mourante se confessa alors à haute voix des erreurs
d'esprit ou des présomptions de cœur qu'elle avait pu avoir 30
de bonne foi pendant sa mission sur la terre. Elle regretta
peut-être d'avoir trop obéi à la voix intérieure en se faisant
conduire à Vaucouleurs, au lieu d'obéir à la voix de sa mère
et au génie obscur et tutélaire du foyer. Elle vit de quel
prix était l'héroïsme et la gloire, et la maison et le verger de 35
son père lui apparurent en contraste avec le bûcher de
Rouen. Se repentit-elle de son dévouement à une inspira-

tion glorieuse et à une patrie ingrate? Les chroniques ne le
disent pas; mais ses pleurs, ses lamentations, son acceptation de cœur et sa révolte des sens contre le, supplice le
laissent conclure. Elle fut plus touchante que si elle était
5 restée impassible; elle fut mortelle, elle fut femme, et elle
fut enfant devant le feu. La nature, la volonté et la mort, qui
avaient lütté dans son Seigneur lui-même au jardin des Olives,
luttèrent dans la jeune fille au pied du bûcher. La multitude
assista au déchirement d'un corps et d'une âme. Ce cirque
10 stupide et féroce eut le spectacle complet d'une agonie.
À la fin, Jeanne sentit le besoin de se raffermir par la
vue du symbole du suprême sacrifice accepté par le Fils de
l'homme. Elle implora la grâce de mourir du moins en
embrassant une croix, signe de dernière communion avec
15 l'Église qui la répudiait. On fut longtemps sourd à cette
prière. Un Anglais cependant lui tendit deux branches de
bois avec leur écorce, liées transversalement par un nœud
de corde et formant l'image grossière de la croix. Elle la
prit, la baisa, et, ouvrant sa chemise, elle la serra contre sa
20 poitrine, comme pour faire pénétrer de plus près dans son
cœur la vertu de ce symbole. Le moine Isambart, attentif
à ses moindres gestes, voyant son désir si. mal satisfait, osa
prendre sur lui un acte de généreuse audace, au risque
de paraître impie dans sa compassion. Il courut avec
25 l'huissier massier à une église voisine de la place du Marché,
et, prenant la croix de la paroisse à côté de l'autel, il la
remit aux mains de Jeanne : véritable Simon de ce supplice !
Les bourreaux firent marcher la jeune fille vers le bûcher.
Son confesseur y monta avec elle, en murmurant à son
30 oreille de pieux encouragements. Son sang-froid ne l'avait
pas abandonnée dans son désespoir. Le bourreau ayant
mis le feu aux branches inférieures du bûcher, où elle était
liée à un poteau :
"Jésus! s'écria-t-elle, retirez-vous, mon père! Et quand
35 la flamme m'enveloppera, élevez la croix pour que je la voie
en mourant, et dites-moi de saintes paroles jusqu'à la fin."
L'évêque de Beauvais, comme pour obtenir une suprême
justification de son jugement par quelque accusation de la
mourante contre. elle-même, à l'approche des flammes, s'ap-
40 procha encore du bûcher.

"Évêque, évêque, lui répéta seulement la pauvre fille, comme si cette voix fût déjà venue d'un autre monde, je meurs par vous!"

Puis, regardant à travers ses larmes cette multitude avide du supplice de sa libératrice: 5

"O Rouen! dit-elle, j'ai peur que tu n'expies un jour ma mort!"

Ensuite elle pria à voix basse. Un grand silence avait succédé au tumulte d'une foule agitée. On eût dit que cette mer d'hommes se taisait pour 10 entendre le dernier soupir d'une vie qui allait s'exhaler. Un cri d'horreur et de douleur sortit du bûcher. C'était la flamme qui montait au vent et qui s'attachait aux vêtements et aux cheveux de la victime. "De l'eau! de l'eau!" cria-t-elle, par un dernier instinct 15 de la nature. Puis, entourée comme d'un vêtement par les flammes qui tourbillonnaient autour d'elle, elle ne proféra plus que quelques balbutiements confus et entrecoupés, entendus d'en bas par le confesseur et par Isambart à travers le pétillement du bûcher. Elle laissa tomber enfin sa tête entourée 20 de flammes sur sa poitrine, et dit d'une voix expirante: *Jésus!* On n'entendit plus sa voix et on ne retrouva qu'un peu de cendre. Winchester fit balayer cette cendre du bûcher à la Seine, pour qu'il ne restât rien sur la terre de France de l'esprit et du bras de cette fille des champs, qui 25 la disputaient à la servitude.

Il se trompa: Jeanne d'Arc était morte, mais la France était sauvée!

XXXIV.

Telle fut la vie de Jeanne d'Arc, l'inspirée, l'héroïne et la sainte du patriotisme français: gloire, salut et honte de 30 la nation tout à la fois. Le peuple, pour l'encadrer parmi les plus sublimes et les plus touchantes figures de l'histoire, n'a pas besoin d'accepter les imaginations enthousiastes de la multitude ni les explications d'un autre temps. La patrie opprimée souffle son âme sur une jeune fille; sa passion 35 pour la liberté de son pays lui fait le don des miracles, don

que la nature fait à toutes les grandes passions désintéres-
sées. S'élançant des rangs du peuple, retenue par ses pro-
ches, entraînée par le dévouement, accueillie par la politique,
déployée comme un drapeau par les chefs et par les combat-
5 tants d'une cause perdue, déifiée par le vulgaire, victorieuse
des ennemis, abandonnée du roi, des hommes et de son
génie après son œuvre achevée, odieuse aux usurpateurs,
vendue par l'ambition, jugée des lâches, condamnée par ses
frères, sacrifiée en holocauste aux étrangers, elle s'évanouit,
10 comme un météore, dans un sacrifice qui paraît aux uns une
expiation, aux autres une assomption dans la mort. Tout
semble miracle dans cette vie, et cependant le miracle, ce
n'est ni sa voix, ni sa vision, ni son signe, ni son étendard,
ni son épée, c'est elle-même. La force de son sentiment .
15 national est sa plus sûre révélation. Son triomphe atteste
l'énergie de cette vertu en elle. Sa mission n'est que l'explosion de cette foi patriotique dans sa vie ; elle en vit et elle
en meurt, et elle s'élève à la victoire et au ciel sur la double
flamme de son enthousiasme et de son bûcher. Ange, ·
20 femme, peuple, vierge, soldat, martyre, elle est l'armoirie
du drapeau des camps, l'image de la France popularisée
par la beauté, sauvée par l'épée, survivant au martyre, et divi-
nisée par la sainte superstition de la patrie.

NOTES.

PAGE 1.

l. 4. *d'Arc* or *Darc*. Henri Martin, in his *Histoire de France*, adopts the spelling *Darc* instead of *d'Arc*, on the grounds that there is no such village as Arc near Domrémy and consequently no sense in "Joan of Arc." His words are: "L'étymologie *d'Arc* (*de Arcu*) et l'opinion qui suppose Jeanne originaire d'Arc en Barrois ou de tout autre lieu du nom d'Arc, sont des conjectures plus ou moins plausibles, mais qui ne reposent sur aucun document historique." For information on this subject see: *Nouvelles recherches sur la famille et le nom de Jeanne Darc* by A. Vallet de Viriville, *Du nom de Jeanne d'Arc* by Athanase Renard, and *De la véritable orthographe du nom de Jeanne Darc*, by P. G. Dumast.

l. 5. *laboureur*, 'husbandman'; *labour*, from which this word is derived is applied only to work in the field; *travail, ouvrage*, are the words applied to all other kinds of work.

l. 6. *devait*, 'was to'.

l. 9. *que donne l'aisance*, 'which easy circumstances give'. Obs. the inversion of subj. and verb. This is very common when the subject is longer than the verb.

l. 13. *quelque petit qu'il soit*, 'however small it may be'; *quelque* before an adj. is an adv. (="however") and is followed by *que* with the subjunctive. Before a subst. *quelque* is an adj. e. g. "*quelques richesses que vous ayez*": before a verb "whatever" is rendered by *quel que*, in which *quel* is adj. e.g. "*quelles que soient vos richesses.*"

l. 16. *Isabelle Romée*. The surname *Romé* was often taken in the Middle Ages by those who had made a pilgrimage to Rome.

l. 22. *Sibylle*. Joan had two godmothers of whom one was named Jeanne and the other Sibylle.

l. 24. *linteau*, 'lintel', from Low Lat. *limitellus*. Note the common change of *el* into *eau*; viz. castel, château; bel, beau; Isabel, Isabeau. The Lat. suffix *ellus, ellum*, first became *el*, then *eau*; but the primitive form in *el* remains in some words.

PAGE 2.

l. 1. *attelages*, 'teams'; der. from the verb *atteler*, 'to yoke', 'put to'.

l. 2. *labourer*='to till'; *travailler*='to labour'. Cp. p. 1, l. 5.

l. 3. *sillon* = 'tillage'; lit. 'furrow'.

l. 17. *était devenue*, 'had become'; *devenir* and also intrans. verbs that denote a change of state or place form their compound tenses with *être*.

l. 19. *n'aurait pu rien lui remontrer de plus*, 'could not have taught her anything more'. The genitive *de plus* is connected with *rien* which precedes the verb. A partitive gen. of the adj. occurs after *que, quoi, quelqu'un, quelque chose, rien*. When *rien* is the object of an infinitive it generally precedes it, hence the separation of *rien* and its genitive *de plus*.

l. 20. *où*='in which'; *où* always refers to inanimate objects; e.g. "Le siècle *où* (dans lequel) nous vivons." "Les moyens par *où* (par lesquels) vous réussirez."

l. 25. *Que de fois*=*combien de fois*.

l. 28. *ménage*, 'house-keeping'; formerly *mesnage* and originally *maisnage*, from Low Lat. *mansionaticum*.

l. 30. *sur ce qu'elle aimait trop*, 'on her being too fond'. Obs. "my, thy, his, her," etc. with a participle present are rendered in French by a personal mood with *que, de ce que, parce que*, etc.

l. 34. *à ses juges*, 'to her judges'. The poss. adj. in French agrees as in Lat. with the thing possessed, not as in Engl. with the possessor. The context alone can show whether *ses*='his', or 'her'.

PAGE 3.

l. 2. *faire route*=*voyager*.

l. 4. *préau*, 'little meadow'; formerly *praël* from Lat. *pratellum*, dim. of *pratum*, which has given the Fr. *pré*. For the change of *el* into *eau* cp. p. 1, l. 24.

l. 7. *destriers*, 'war-horses'. *Destrier*, properly a knight's war-horse led by the squire on his right hand (*dextra*). The story given by Monstrelet and adopted by Hume that Joan had been several years a servant at an inn, where she had learnt to groom horses, probably originated from the fact that on one occasion a serious inroad of the Burgundian cavalry having compelled the villagers of Domrémy to take flight, Joan and her parents sought shelter at a hostelry in Neufchâteau, a town belonging to the Duke of Lorraine, where she remained during fifteen days, and where she probably may have wrought for her living.

l. 9. *lisière*, 'edge'; originally *listière*, der. from *liste*, 'a strip'.

l. 13. *à cette intention*, 'for this purpose'.

l. 28. *qu'elle peut y avoir dansé*, 'that she may have danced there'.

l. 34. *lui avait bien dit*, 'had indeed said to her'. Besides its first meaning of "well," *bien* often has that of "truly, forsooth, indeed;" when used with *vouloir* it diminishes the force of the verb; e.g. *Je veux bien* = 'I have no objection'.

l. 37. *qu'un prophète du pays disait bien*, 'that a prophet of her country said indeed'. It had been announced by Merlin, the great oracle of the Middle Ages, in a vision inspired by the Druidical doctrines on the destruction and the renewal of the world, that "a Virgin would descend on the back of Sagittarius;" this prophecy enriched and modified had been applied to themselves by the people of Lorraine in the days of Joan. The virgin was to come from the Oak-grove (Bois-Chesnu), and was to save the kingdom. Comp. p. 4, l. 11. *Chenu*, 'hoary', Lat. *canutus;* popular tradition altered the *Bois Chenu* of medieval prophecy into *Bois-Chesnu*, 'Oak-grove', *chêne*, Old Fr. *chesne*, from Low Lat. *casnus*.

PAGE 4.

l. 4. *Elle s'y réconfortait...* 'She there drew fresh vigour as if from the freshness of her life's morning, and she thus unconsciously inscribed on the tablets of history those obscure years of her life'.

l. 10. *à tout vent* = 'broad-cast'.

l. 20. *la demandèrent à ses parents.* The dative is used in French for the remoter object after these classes of verbs :—to command, persuade, forbid; to ask, demand from, deprive, buy from; to pardon, please, obey, believe in, trust; to resist, refuse, hurt; to resemble.

l. 22. *on ne sait.* Observe the omission of *pas.* This archaism is allowed exceptionally with *pouvoir, savoir, oser, cesser, bouger.* It is very common in familiar style, and was the rule in the old language. *Ne* is the negative particle, *pas, point*, etc. indicate the special kind of negative idea to be expressed; we consequently find that *pas* is omitted whenever the negative idea is sufficiently determined by other words; e.g. Je *ne* le verrai *de ma vie.*

l. 24. *L'un de ses prétendants*, 'one of her suitors'.

l. 25. *en justice* = 'before court'.

l. 28. *par amour*, 'for love's sake'.

l. 31. *Pendant que sa beauté.* Modern French writers have made her out to have been an accomplished beauty; they could not refrain from such heightening of the picture as might be got from painting their heroine with all the conventional charms. Gaucourt, who wrote in her own times, describes her as a "*paupercula bergereta*," a poor little shepherdess.

l. 36. *Ni la nature ni le cœur ne parlaient en elle.* 'In her the nature and heart of woman found no utterance'.

l. 37. *retirée dans ses yeux*, 'deep-seated in her eyes'.

PAGE 5.

l. 6. *dans une enceinte close*, 'in a walled-in enclosure'. The verb *clore*, from Lat. *claudere*, is used only in the past part. *clos*, the sing. of the ind. pres., the fut., and condit., the imperative sing., and the subj. present.

l. 12. *d'un sceau fatal*, 'with a fatal stamp'. *Sceau*, 'seal', formerly *scel*, from Lat. *sigillum ;* for *el=eau* see p. 1, l. 24. *Seau*, 'bucket', formerly *séel* (Milanese *sidell*), is from the Lat. *sitellus*, a supposed form of *sitella*, a vessel; *sel* is still used by peasants.

l. 21. *limbes*, 'regions'; *indécises* = 'undefined'.

l. 22. *n'ayant de complet...que*, 'have nothing complete but'. Obs. the gen. partitive *de complet* after *rien* understood. Cp. p. 2, l. 19. This use of the genitive is suggestive of the Lat. rule: "A genitive of the thing measured is joined to words of quantity and neuter adjectives."

l. 27. *écheveau*, 'a skein'. Old Fr. *échevel* a verbal substantive from *écheveler*.

l. 28. *la quête d'automne*, 'the harvest-thanksgiving collection' (in kind).

l. 29. *Angelus*, the morning, noon, and evening bell which rings when the words "Angelus dixit, Ave Maria, etc." are said in Church. The origin of the bell was that an indulgence was granted to all who said these words at these times, and the bell reminded them of it.

l. 30. *elle s'apitoyait.* Left much alone she brooded with an imaginative temper and religious warmth over the sorrows of her country, the wrongs of her king.. These things, under the peculiar conditions of her young life, projected themselves into actual visions, voices, portents. She became a dreamer, an enthusiast.

l. 31. *sans mère.* Queen Isabel had been exiled to Tours.

l. 32. *qu'elle entendait faire;* the verbs *entendre, voir, ouïr* are sometimes used like *faire* and *laisser,* in conjunction with an inf. act.; the *dative* is then generally the agent, but it may be replaced by *par,* as in this sentence. Cp. p. 6, l. 32.

l. 34: *nouvellistes,* 'newsmongers'.

PAGE 6.

l. 4. *Il y a si près de l'âme aux sens,* 'so closely connected are the mind and the senses'; lit. 'there is so little distance from the soul to the senses'.

l. 13. *s'écoutent en dedans,* 'listen to voices within themselves'.

l. 16. *se rend à lui-même,* 'utters to himself', i.e. is his own prophet ; *se* is here dative emphasised by *à lui-même.*

l. 19. *Égérie.* 'Egeria' metamorphosed by Diana into a fountain was worshipped by the Romans as a divinity. Numa pretended to have secret conversations with her in order to give more authority to his laws.

l. 20. *le génie familier,* the familiar spirit from whom Socrates professed to draw his inspiration.

l. 32. *les lui faisait présager,* 'made her foresee them', i.e. their coming. After an inf. depending on *faire* the person object is put in the dative if there is another object denoting a thing. Notice that the connexion of *faire* with the inf. that follows is so close that pronouns conjunctive to that inf. stand before *faire;* indeed *faire* with the inf. forms a verbal expression, the force of which is transitive; e.g. *faire présager* = 'to announce', 'to reveal'; hence the accusative of the thing and the dat. of the person.

l. 35. *la virginité* = 'celibacy'.

PAGE 7.

l. 1. *midi,* 'mid-day'. Also 'south', because the sun is due south at mid-day for any place north of the equator.

l. 11. *que je ne saurais,* 'since I cannot'. *Que* is here used to avoid the repetition of *puisque.* Obs. *savoir* is often used for *pouvoir,* especially in the condit.; e.g. *saurais = peux.* The absolute sense of *"je ne puis"* is however modified or diminished in *"je ne saurais,"* as will be perceived from the following sentence: "Ce qu'on ne *saurait* faire est difficile; ce qu'on ne *peut* faire est impossible."

l. 31. *entr'ouvert* = 'a glimpse of which appeared'. The prep. *entre*

prefixed to *voir, ouvrir* gives to these verbs the meaning of incom-
pleteness; thus *entrevoir*='to have a glimpse of', *entr'ouvrir*='to half-
open'.

l. 40. *bûcher*, 'stake'; der. from *bûche*, 'log of wood', Old Fr.
busche, from Lat. *bosca*, fem. form of *boscum*, which has given the French
bois.

PAGE 8.

l. 2. *plusieurs années.* Five years elapsed between her first vision
and her departure from her father's house.

l. 10. *il se tourne vers les miracles.* The prosaic fifteenth century
was profoundly moved by strange and deep imaginings; it was willing
to believe in all miracles: it seemed to yearn after a deliverer.

l. 12. *à robes d'or*, 'with golden robes'. Obs. the dative used to
express peculiarity.

l. 22. *De plus*='moreover'.

l. 32. *qui faisait songer les enfants*, (a character...) 'which made
children think'. Notice that the tendency to put the verb *faire* (when
used as a modal verb) side by side with the inf. disarranges the grammatical order of the words. Cp. Engl.: "Thou canst make yield this
iron-mooded duke."

l. 33. *Il se rencontre toujours...*, 'an exceptional being is always met
with'. The French language uses the passive voice very sparingly. It
substitutes for it either the indef. pron. *on* with the verb in the active
voice, or the verb used reflexively, or again the verb, as here, in an
impersonal reflexive form (*il se rencontre*=there finds itself).

l. 37. *était née de la Bible.* Joan knew that more than one woman
had saved the people of God; that from the beginning it had been said
that a woman would bruise the serpent's head. She had seen, in the
Churches, Saint Margaret and Saint Michael trampling the Dragon
under their feet. If, as was commonly reported, the ruin of the kingdom
was the work of a woman, its salvation might well be entrusted to
a maiden. This is exactly what Merlin was supposed to have foretold.

PAGE 9.

l. 7. *qui faisaient causer ses voisins*, 'which made his neighbours
talk'. Cp. p. 8, l. 32. *Causer*, 'to talk', is derived from the Lat. *causari*,
'to defend a cause', then 'to discuss', lastly 'to chat'. *Causer*, 'to
cause', is derived from *cause*, Lat. *causa*.

l. 17. *créance*, 'credence', from Lat. *credentia*. *Créance*='credit',
croyance='religious belief', *crédence*='credence-table', 'side-board'.

l. 19. *il la voudrait voir*, 'he would wish to see her'. Obs. the place of the pron. conj. to *voir* before the modal verb *voudrait*. Cp. p. 8, l. 32.

l. 20. *ou qu'il la noierait lui-même.* Honest Jacques d'Arc feared that his daughter's ardent imagination might be practised upon by some men-at-arms, and she would be induced to go forth from home and follow them to the wars.

l. 29. *Elle espérait bien*, 'she hoped indeed'.

l. 30. *le congé* = 'the leave to go', from Lat. *commeatus*, a derivative of *meare.*

l. 31. *quand sa gloire eut justifié.* The second pluperfect (past anterior) is required after *quand, dès que*, etc. when the action is not habitual, i.e. when "I had..." does not mean " I used to have..."

PAGE 10.

l. 5. *aurait dû conserver la figure et le nom*, 'ought to have preserved both the portrait and the name'. This uncle was Durand Laxart; he lived in the village of Petit Burey, between Domrémy and Vaucouleurs.

l. 9. *parce qu'ils se défient moins...*'because they distrust less their affection'.

l. 20. *du sire de Baudricourt.* Robert de Baudricourt, governor of Vaucouleurs, was a zealous adherent of Charles. *Sire = Seigneur*; but the former was derived from the nominative Lat. *Senior* (with the tonic accent on the *e*), while the latter came from the acc. *Seniorem* (with the tonic accent on the *o*).

l. 27. *qu'il n'y eût qu'à sourire*, 'that one could but smile'.

l. 33. *bien soufflétée*, 'soundly slapped'. "Box your niece's ears well," said the rough soldier, "and send her home to her father."

PAGE 11.

l. 3. *lui persuada.* Note the dative with verbs of "persuading, commanding, obeying, pardoning," in all of which "giving" is implied.

à l'insu de, 'without the knowledge of'; *in su*, the thing being unknown to.

l. 20. *ému de la beauté*, 'moved by the beauty'. Philip de Bergamo, in his book *De claris mulieribus*, describes her as "of moderate stature, of a rustic countenance." The phrase "facies rusticana " disposes at once of the French descriptions of her beauty.

l. 26. *d'en haut*, 'from on high'.

l. 30. *dans la mi-carême*, 'at mid-lent'. When *mi* is compounded with a subst. other than *carême* or the name of a month, it can only be used with the prep. *à* and without the article. The Wallon *mi*, 'a half', was feminine, hence the gender of *mi-carême*.

l. 33. *qui le mènerai sacrer*, 'who will lead him to be consecrated'. Obs. the inf. active after causative verbs, e.g. "Je l'enverrai *chercher*;" "il se fera *tuer*." A similar use of a transitive infinitive after "to let" (i.e. to cause) survives in English poetry: "King Arthur *let proclaim* a joust."

PAGE 12.

l. 2. *le curé*, 'the parish-priest'; *curé*=in charge of the "cure" of souls; *vicaire*='curate'.

l. 4. *chez sa cousine*, 'at her cousin's'. See p. 11, l. 17.

l. 7. *au cas où*, 'in case that'.

l. 15. *s'y portèrent*, 'went thither', lit. betook themselves there.

l. 22. *Un gentilhomme des environs*, 'a nobleman of the neighbour-hood'. Jean de Novelompont, surnamed "de Metz." "Child," said he, "must we then submit to seeing the King expelled his kingdom and to ourselves becoming English?" *Gentilhomme* implies *gentle birth*; *monsieur*='gentleman'.

l. 25. *mie* was used for *amie*. Thus St Simon speaks of *aucune mie* and *vieille mie*.

l. 32. *dussé-je...* 'had I (=though I should have) to wear out my legs to the knees in order to reach him'. Obs. the *e* mute of *dusse* changed into *é*, when *je* follows the verb (to facilitate the pronunciation). This inversion of verb and pron. subject (viz. *were I*=*if I were*) is due to Teutonic influence on early French at the time of the settlement of the Franks and Burgundians in Gaul; cp. Germ. *wäre ich*. See p. 26, l. 13.

l. 34. *ni fille du roi d'Écosse*. There was pending at this time a negotiation for a marriage between the youthful Louis, son of Charles VII, and the daughter of the King of Scots, who promised to send fresh succours.

PAGE 13.

l. 8. *l'un jeune, l'autre vieux:* viz. Jean de Novelompont, surnamed "de Metz," and Bertrand de Poulengy.

l. 10. *ils lui feraient parler au roi*, 'would obtain permission for her to speak to the king'; *la feraient parler* would signify 'would compel her to speak'.

l. 13. *de qui il relevait*, 'whose dependent he was'. The Duke of Lorraine dwelt at Nancy.

l. 23. *Yolande d'Anjou*. Yolande of Aragon, mother-in-law of Charles VII, dowager of Anjou and of Naples, is sometimes called by Lamartine "Yolande of Anjou," at other times "Queen of Sicily."

l. 29. *n'a rien que de vraisemblable.* For the genitive of the adj. after *rien* see p. 2, l. 19.

la politique d'une pareille foi, 'the policy of such a faith'. Yolande, politic and sagacious, seems at once to have divined the importance of this strange appearance—of this enthusiast of the people, behind whom lay all the forces of devotion and superstition, and who was already arousing the popular hopes. She thought it well to miss no chance of awakening this feeling, and of using it, if possible, as a help in this time of need. *Mary of Anjou*, the young Queen, a princess of great merit and prudence, also favoured this view. (C. Yonge.)

PAGE 14.

l. 11. *quelques cavaliers.* Her escort consisted of six persons: the Sires de Metz (Novelompont) and Poulengy, with one attendant of each, Colet de Vienne, who is styled a King's messenger, and Richard, a King's archer.

Chinon. See Map. Charles VII, then 27 years of age, was devoted to pleasure, and, shunning the tumult of even his own cities, preferred lonely castles such as Mehun-sur-Yerre or Chinon.

l. 14. *ne leur fût enlevé*, 'should be taken from them'. Obs. the dative (*leur*) with a verb of "depriving." The particle *ne* which is required after verbs of "fearing," when used affirmatively, does not express negation but doubt.

l. 18. *s'ils ne s'en déferaient pas en route*, 'whether they should not rid themselves of her along the march'. *Si*, when it means "whether," is generally followed by the future or conditional.

l. 25. *Partis*, 'having started'.

l. 31. *sa propre*, 'her own'.

l. 32. *D'autres*, 'others'. This is used partitively (= *d'autres hommes*).

PAGE 15.

l. 12. *tout croire*, 'believe everything'. Obs. *tout, rien*, and the adv. *bien, mal*, generally precede the verb when in the infinitive.

l. 15. *au château du sire de Gaucourt.* This was the château du Coudray. *Sire* is a doublet of *Seigneur*. Cp. p. 10, l. 20.

l. 20. *des leurs*, 'of their own party'.

l. 26. *et de reines.* There were two queens present: Mary of Anjou and her mother Yolande of Aragon; cp. p. 13, l. 23 and l. 29.

l. 33. *au plus apparent*, 'to the most conspicuous'.

PAGE 16.

l. 5. *Ce n'est pas moi qui suis* = 'I am not'. A personal pronoun standing as a complement to the verb *être* must be disjunctive. In this and similar sentences the grammatical subject is *ce*.

l. 12. *Seigneur Dauphin.* Until his head had been encircled with the ancient crown and anointed with the holy oil at Rheims, Charles was not truly king to priestly or to popular eyes, but only *Dauphin*, not the real possessor, only the rightful heir; Joan, accordingly, does not yet address him as "King."

l. 14. *et son lieutenant*, 'and that you shall be his lieutenant'.

l. 16. *À ce signe.* This explanation of the secret between Joan and the king (viz. that she repeated to him a mental prayer he had addressed to God), was given half a century later by Pierre Sala as coming to him through Guillaume Gouffier, Charles VII's Lord Chamberlain.

l. 25. *entendue des assistants*, 'heard by those present'. After passive verbs of 'sense' and 'feeling' the genitive is often used to express the agent. This is the same construction that used to be common in English, and may be observed constantly in the Authorised Version of the Bible.

PAGE 17.

l. 1. *la faveur des princesses*, i.e. of the Queens Yolande and Mary, mother and daughter.

l. 4. *l'aventure*, 'the incident'. As she was passing over the bridge a soldier had addressed to her some ribald jest, for which she had gently reproved him, saying that such words ill became any man who might be so near his end. It happened that on the same afternoon this soldier was drowned in attempting to ford the river, and the reproof of Joan was immediately invested by popular apprehension with the force of prophecy.

l. 8. *l'étrangère*=Joan; she was a stranger in Touraine, since she came from Lorraine.

l. 16. *au château du Coudray.* This was the château of the Sire de Gaucourt, near Chinon; cp. p. 15, l. 15.

l. 18. *à rompre des lances* = 'to break a lance', 'to fight'.

l. 20. *se fût trompée d'enveloppe*, 'had got into the wrong body'. *Si* before an auxiliary usually takes the imperfect subjunctive; in other cases it generally takes a present or imperfect indicative, but when it stands for "whether" the future or conditional is used. Cp. p. 14, l. 18.

l. 21. *dix-sept ans.* She declared at her trial, in Feb. 1431, that she was then about nineteen years old.

ll. 23, 29. *Le Dauphin, Le roi.* The same person, Charles VII.

l. 24. *son chancelier.* The Archbishop of Rheims.

PAGE 18.

l. 14. *des signes*, 'tokens' (of my divine mission). *Signe* is here used in its Scriptural meaning. Cp. Matt. xvi. 1.

l. 15. *si...que* for *aussi...que.*

PAGE 19.

l. 2. *une longue épée rouillée*, 'a long rusty sword'. She sent messengers to the Church of Fierbois for a sword which lay hid behind the altar, on whose blade were five crosses. The messengers found it, and brought it with them.

l. 5. *un étendard blanc.* Her banner was white, bestrewn with the fleur-de-lis of France and bearing the figure of the Saviour in glory, with the inscription *Ihesus Maria.*

l. 8. *Daulon* or *d'Aulon.* A brave and tried knight, Jean Sire d'Aulon, was appointed her squire; Father Pasquerel, a good old friar, was her confessor.

l. 11. *Elle fut reçue triomphalement à Blois.* Her march was like a triumph, wherever she came she was saluted as a deliverer. In the van was a company of priests, who chanted the *Veni Creator.* The soldiers marched behind re-echoing the strain. On their wild natures the religious fervour acted vehemently. It was an army of enthusiasts with that strange irresistible power such movements have at the outset. Cromwell's men were never more God-fearing. (Kitchin.)

l. 14. *tous avertis*, 'all of whom had been cautioned'.

l. 24. *prêchèrent. Prêcher* takes the accusative of the person addressed as well as of the thing preached.

L'un d'eux. Thomas Couette. See Henri Martin.

l. 36. *Le cordelier*, i.e. Friar Richard.

PAGE 20.

l. 8. *l'oriflamme*, 'the war-standard', der. from Low Lat. *auriflamma;* a small standard of orange-red silk which the early kings of France used to receive from the hands of the Abbot of St Denis when they set out for war.

l. 9. *ébranlèrent*, 'set in motion'.

l. 11. *l'assiette*, 'the position', der. from *asseoir.* The other *assiette*, 'a plate', is derived from Lat. *assecare* (ad secare), 'to cut on', and means properly the platter on which meat is cut up.

l. 12. *par la route la plus courte.* In affairs of war all Joan's proposals resolved themselves into two, either to rush headlong upon the enemy, often in the very point where he was strongest, or to offer frequent and public prayers to the Almighty. Accordingly scarce one of the chiefs who heard her in council appears to have retained, beyond the first few days, the slightest faith in her mission. At the best they regarded her as a useful tool in their hands, from the influence which they saw her wield upon the army and the people.

l. 13. *celle de la Beauce.* North of the Loire.

l. 15. *lui firent traverser la Loire.* Obs. *firent* and the inf. *traverser* having each a direct object that of the modal verb becomes indirect. Cp. p. 8, l. 32.

l. 19. *le troisième jour.* On the 29th April, the third day from her departure.

l. 20. *entre elle et l'armée*, 'between her and the army' (which garrisoned the town).

l. 28. *Quand il eut pris terre...* 'when he had landed close by her horse's feet'.

PAGE 21.

l. 5. *le meilleur secours qu'ait jamais reçu...* Notice the inverted construction of verb and subject to balance better the sentence. Cp. p. 1, l. 9. Notice also the subjunctive after the superlative *le meilleur* followed by a relative pronoun.

l. 7. *le vent qui soulevait les flots.* .The boats prepared in Orléans to receive the succour had been taken to Chéci, six miles to the east of the town, this being the only place, owing to the very low water, where they could draw near the bank. According to Henri Martin the fleet could not ascend from Orléans to Chéci because the wind was blowing from the east.

l. 12. *Le lendemain.* More probably the same evening, 29 April, according to Henri Martin.

l. 24. *se fit conduire.* Obs. the inf. *active* (never *passive*) in combination with *faire* and the other modal verbs.

l. 29. *dans la maison de...*This was the house of the treasurer to the Duke of Orleans, an upright man whose wife and daughters welcomed Joan; she slept with Charlotte, one of the daughters.

PAGE 22.

l. 1. *Elle dicta de là une lettre aux Anglais.* According to Henri Martin this letter had been dispatched by Joan of Arc before she reached Orléans, and had been written at Poitiers a month before it was sent, for it bears the date ' Mardi, semaine sainte' (22 March).

l. 2. *toute semblable,* 'very similar'. Notice that *tout* though used adverbially is spelt *toute, toutes,* when the fem. adj. that follows it begins with a consonant.

l. 8. *qui vous prétendez,* 'who call yourself'. *Prétendre* is here used transitively.

l. 12. *de par Dieu* ='in God's name '; from Lat. *de parte Dei.*

l. 18. *Elle les conviait,* 'she invited them'. *Convier* is formed from Old Fr. *convi,* 'an invitation', and is also connected with a supposed Lat. *convitare,* formed from *con* and a radical *vitare* found also in *invitare.*

l. 26. *en champ clos,* 'in single combat'; lit. in the lists or enclosed space fenced round for the combat.

l. 28. *vous leverez le siège.* This formed part of the second summons addressed by Joan of Arc to the English by letter. The third summons was oral. *Lever* takes a grave accent when the second syllable is mute.

PAGE 23.

l. 4. *le bâtard,* i.e. Dunois.

l. 11. *de ce qu'on préférait.* The verb *s'indigner* takes the genitive, hence the need of *de ce que* (of this that) instead of simply *que.*

l. 18. *me défend,* 'forbids me'; *défendre,* 'to defend', takes the acc.; *défendre,* 'to forbid', takes the dative of the person and acc. of the thing.

l. 23. *il la remit à Dunois,* 'he gave it up to Dunois'. The old veteran (de Gamaches) only saw in Joan the peasant girl. Indeed with all her truth, holiness and purity there was nothing of the lady about her; nothing of that grace and softness that chivalry yielded to. She was a flesh and blood, resolute young woman, as deeply and passionately devotional as a saint, as brave as a heroine of Ariosto, but a peasant all the time. (C. Yonge.)

l. 26. *Elle monta à cheval...* She mounted her horse the same day (2 May) to escort a detachment (under Dunois) which was going to seek reinforcements. The sequence of events is the following: On May 2, Dunois sallied forth to meet the small army of relief which the Archbishop of Rheims had detained at Blois. On the same day and on the next, Joan fearlessly rode round the Bastilles and the English camp to reconnoitre the position of the enemies. On May 4, the long expected convoy arrived and was met by Joan and a portion of the garrison of the town. On the same day (May 4), she assaulted and took the Bastille of St Loup.

l. 29. *le rempart d'une des forteresses.* These fortresses were called *Bastilles* or *Bastides,* der. from *bâtir.*

l. 34. *injures,* 'insults'.

PAGE 24.

l. 3. *du bon avis,* for the good counsel which had inspired him. Obs. 'to thank *for*' = remercier *de.*

l. 4. *d'une armée anglaise.* Dunois had heard that Falstaff was on his way to join Suffolk and Talbot. (See Michelet's *Histoire de France.*)

l. 20. *lui revêtait son armure,* 'put on her her coat of mail'.

l. 27. *demi-vêtue.* The adj. *demi* is here used adverbially and consequently invariable. Though adj. it remains invariable when it precedes its substantive, e.g. *demi-heure.* The same applies to *nu, ci-inclus, ci-joint.*

PAGE 25.

l. 8. *Inspirée et champion.* (Owing to her being) the inspired promoter and the champion.

l. 16. *merci,* 'mercy' (fem.); when masc. *merci* = 'thanks'; both from Lat. *mercedem.*

l. 17. *cette seconde sommation.* These details of a fresh summons and of replies, conveyed from one camp to the other by means of arrows, are not confirmed by Henri Martin, neither are they given by Michelet.

l. 19. *en les entendant lire,* 'in hearing them read'; *entendre* is here used as a modal verb and consequently with the inf. active. Cp. p. 5, l. 32.

l. 25. *une sortie et un assaut général.* This sortie was made on Friday, 6 May. The whole of Ascension Day (May 5) had been given up to busy preparations. Next morning the French crossed the river near St Loup (the taking of which had opened their way), about 4000 strong, and took by assault St Jean le Blanc. They then pushed on to the Fort of the Augustines, where they were repulsed. The second attack led on by Joan was successful, and the English were fain to evacuate the Bastille St Privé, which still remained to them, and to carry all their force, except the garrison of the Tournelles, across to the north bank of the Loire. See Map.

l. 30. *à la nage,* 'swimming'. The expression is similar to our "on the run," and might be rendered "on the swim."

l. 33. *les rallie.* Obs. when the subjects of a verb form a gradation, the verb agrees with the last.

PAGE 26.

l. 4. *ce jour-là.* Friday, a fast-day.

l. 7. *de délivrer un des bords du fleuve.* By the successes of that day the Bastille des Tournelles alone remained in English hands. But it was the strongest of all; on one side confronting the broken bridge with its massy and towering wall; on the land-side intrenched by a formidable bulwark, and a deep ditch below, filled with water from the Loire.

l. 10. *Soyez debout demain.* To-morrow, i.e. Saturday, 7 May.

l. 11. *plus que je n'ai eu,* 'more than I have had (to do)'. Obs. the particle *ne* after a comparative; its presence in such sentences is no doubt due to the unconscious negation in the speaker's mind; it is here another way of saying: "I have *not* had so much to do up to this day."

l. 13. *En vain les capitaines ferment-ils.* Obs. the interrogative form assumed by the verb when the sentence begins with *en vain.* The adverbial conjunctions that require this inversion, when placed at the head of the sentence, are: *à peine, aussi* ('accordingly'), *au moins, peut-être, en vain, encore, toujours.* This is due to the influence of the German-speaking invaders of Gaul, whose language requires the inversion of subject and verb in a principal sentence which begins with any other word than the subject. Cp. p. 12, 1. 32.

l. 20. *de la principale forteresse.* The only one, that of Les Tournelles. See p. 26, 1. 7.

l. 27. *elle y monte.* Obs. the transition to the present tense in order to give more animation to the narrative.

l. 31. *la couvre de sa hache,* 'protects her with his battle-axe'.

l. 35. *de l'avoir une fois contristé.* The incident here referred to by Joan is described at p. 23, 1. 9.

l. 37. *mal penser.* The adverbs *bien, mal, trop,* and the words *rien, tout, mot,* may precede the verb in the infinitive. Cp. p. 15, 1. 12.

PAGE 27.

l. 4. *de sa propre main,* 'with her own hand'.

l. 10. *On pansa sa blessure,* 'they dressed her wound'. Notice that *panser* ('to dress' a wound) and *penser* ('to think') are both derived from the Lat. *pensare,* to think about, examine, then take care of, dress, groom (horses).

l. 11. *découragés,* masc. pl. because one of the two subjects *le peuple* is masc.

l. 17. *venait d'être,* 'had just been'.

l. 31. *leur firent voir,* 'pictured to them'; *firent voir* has the force or significance of a transitive verb with *des esprits célestes* for its direct and *leur* for its remoter object. Cp. p. 6, 1. 32.

l. 32. *combattant de l'épée,* 'fighting with the sword'. The abl. of the article in French is identical in form with the genitive.

PAGE 28.

l. 1. *dans le réduit,* 'in the fortress'.

l. 3. *Tu m'as vilainement injuriée,* 'you have foully insulted me'. See p. 22, 1. 21 and p. 23, 1. 34.

l. 7. *par les coups d'une poutre.* Henri Martin says "by a cannon shot."

l. 13. *Elle était son salut.* Here *son* refers to *peuple.*

l. 18. *sortait du chaume,* 'came from the cottage'; *chaume,* 'thatch', 'haulm', Lat. *calamus,* is here used for the thatched hut.

l. 22. *le peu de forteresses,* 'the few fortresses'.

l. 23. *défilèrent en retraite.* On Sunday morning (8 May), the besiegers, conscious of the utter ruin of their blockade, abandoned the Bastilles on the north side, and drew out all their forces in order of battle. The French did the same; and so they stood over against one another a full hour. But neither army struck the first blow; and at the end of that time the English quietly defiled off the ground and marched in good order, with banners flying, up-stream, in the direction of Meung-sur-Loire.

l. 29. *du pardon* = 'of the atonement'. The siege which had lasted since Oct. 13 (1428) was raised May 8 (1429), only eight days after Joan had made her entry into the town (29 Apr.—8 May). Even to this day this last anniversary is still held sacred at Orléans. Still on each successive 8th of May do the magistrates walk in solemn procession round the ancient limits of the city; the 'Te Deum' again resounds from the cathedral and a discourse is delivered from the pulpit in honour of the Maid.

PAGE 29.

l. 3. *ville à ville*, 'town by town'.

l. 4. *les reines*, 'the queens' (Yolande the mother-in-law and Mary of Anjou the consort of Charles VII); they were with Charles VII at his castle of Loches south of Tours.

l. 9. *il me faut employer* = 'I must bestir myself'.

l. 10. *se faire couronner*, ' get himself crowned '. Cp. p. 6, l. 32.

l. 20. *se consumait de*, 'was wasting away with'.

l. 32. *se fait-il entendre à vous*, 'in what manner does the divine monition make itself heard by you?' When the verb is reflexive the pronoun object (remoter object) is always disjunctive; e.g. "Je m'adresse *à lui*," and not "Je me *lui* adresse."

l. 36. *à mon avis*, ('your want of faith) in my counsel'. This *avis* was to forestall Henry VI and be crowned at Rheims before he could be brought there.

PAGE 30.

l. 5. *à traverser*, 'that one had to force one's way through'. Notice the inf. act. with *à* used for what would be in Lat. the participle in *-dus* and in Eng. the inf. passive ' to be crossed'.

l. 9. *Si ce n'était de cela*, 'if it were not for that'. Cp. *si j'étais de vous*, ' if I were you '.

l. 10. *que de courir.* When the comparison is between two infinitives *que de* generally introduces the second.

l. 12. *on traversa Orléans.* This was on June 10 (1429).

l. 26. *la Beauce,* a fertile plain comprising some of the finest corn land in France. The town of Chartres is in the centre of it.

l. 29. *les fait découvrir,* 'causes them to be discovered'.

l. 30. *que ne peut retenir ce peuple chasseur.* Obs. the inversion of verb and subject after a relative pronoun in the acc. when the subject is longer than the verb. Cp. p. 1, l. 9.

PAGE 31.

l. 2. *l'âme* = 'courage'. This battle, known as the Battle of Patay, was fought on June 18; the effect of this eight days' campaign was prodigious; people and soldiers recognised no other leader but Joan.

l. 5. *était retournée,* 'had come back'. Obs. the auxiliary *être* in forming the compound tenses of the verb of motion *retourner.*

l. 13. *recevaient des honneurs...* The king granted letters-patent of nobility to her family and herself, with the privilege of bearing the Lily of France for their arms. She refused all pecuniary rewards for herself or for her family and only asked the favour that her birth-place might hereafter be free from any kind of impost. This privilege was granted by the king in an ordinance dated July 31, 1429, and confirmed by another in 1459. It continued in force for more than three centuries.

l. 16. *le moine Richard.* See p. 19, l. 27.

l. 25. *Le roi fut sacré.* On Sunday, 17 July, the stately Cathedral of Rheims saw his brow encircled with the crown of his forefathers and anointed from the Sainte Ampoule, the cruse of holy oil, which, according to the Romish legend, had been sent by a dove from heaven to the Royal convert, Clovis.

l. 33. *le palladium,* 'the safeguard'. An image of Pallas Athene said to have fallen from heaven and which was carefully guarded at Troy; the safety of the city being contingent on its possession.

l. 34. *lui faisaient toucher leurs petits enfants.* Cp. p. 6, l. 32.

PAGE 32.

l. 1. *en,* 'by'.

l. 6. *l'ivresse* = 'the frantic joy', 'rapture'.

l. 7. *que ne puis-je.* Here *que* = *pourquoi.*

l. 18. *œuvre.* The two genders of this word correspond to the Latin words from which it is formed, *opcram* and *opere* (*opus*).

l. 19. *et qu'il ne leur reste plus.* *Que* is here used to avoid the repetition of *quand.*

l. 20. *Elle commençait à entendre...* This feeling in the mind of Joan was no doubt strengthened by the unexpected sight of Laxart and Jacques d'Arc—her uncle and her father—who had come to take part in her triumph and had mingled in the throng of spectators.

l. 26. *Il n'y en a point,* 'there is none'. The genitive pronoun *en* ('thereof') is always used to complement words of quantity when there is no substantive following them ; *pas* and *point* may be regarded as words of quantity since the idea of negation of quantity lies in every negative; in their original sense they were words of quantity.

l. 27. *pour son pays,* 'for one's country'.

, l. 33. *se détendent* = 'become unstrung'.

PAGE 33.

l. 11. *non plus,* 'no longer'.

l. 19. *dans les plaines de la Beauce.* See p. 30, l. 25 for the description of the Battle of Patay.

l. 33. *l'élu du ciel.* The consecration of Charles VII had made him, in the eyes of the people, their true king and *God's elect.*

PAGE 34.

l. 4. *pour étaler,* 'to display'; i.e. to remind the Parisians that his father's blood had been shed by the Orleanist party. His father, "Jean sans peur" who was murdered at Montereau, in 1419, by Tanneguy-du-Châtel, one of the chiefs of the Orleanist party, had connived at the murder of the Duke of Orléans, in 1407.

comme Antoine. In allusion to the famous funeral speech of Mark Antony, at the end of which, when he had sufficiently wrought up the feelings of the crowd by dwelling on the soldiership, the generosity, and the mournful fate of the dead man, he shewed them a waxen figure painted to represent the ghastly wounds, and spread before their horror-stricken eyes the very toga Cæsar had worn, all torn and bloody, with the rending of the daggers.

l. 10. *ce roi enfant.* He was now nine years old.

l. 34. *Baiser,* 'to kiss', is der. from Lat. *basiare;* not to be confounded with *baisser,* 'to lower', from *bas,* Lat. *bassus.*

PAGE 35.

l. 10. *ses Flandres.* In 1384 Flanders fell into the hands of Philip le Hardi, Duke of Burgundy, son of Charles V of France ; he succeeded to it in right of Margaret his wife.

l. 19. *révoquer en doute,* 'call in question'.

PAGE 36.

l. 5. *créneaux.* Hence our 'crenellate'.

l. 14. *du plat de son épée,* 'with the flat of her sword'.

l. 23. *cette loi du sacerdoce.* Bishops and priests fought in battle, but it was contrary to priestly etiquette to draw blood; they were supposed to use the "gentle mace."

l. 26. *l'assaut aux remparts.* This was on the 8th Sept. 1429.

l. 33. *tout en agitant,* 'all the while that she waved'.

l. 37. *les feux* = 'the bullets', as the result of firing.

PAGE 37.

l. 17. *Ce revers.* In this assault of Paris Joan was but ill-supported by the chiefs. The king never left St Denis. The next day she would have renewed the assault, not without good hopes of success. But the king forbade it, and actually broke down the bridge of St Denis, lest she should cross the Seine and attack from the other side. The king's treason against himself succeeded. The army withdrew; Alençon was sent into Normandy to be away from Joan's influence.

l. 33. *se conclurent,* 'were concluded'. The passive voice is sparingly used in French: instead of it the reflexive form of the verb is used or the active with *on*; thus instead of: "Des trèves furent conclues"—we have: "Des trèves se conclurent" or "On conclut des trèves." Cp. p. 8, l. 33.

PAGE 38.

l. 7. *du geste,* 'with a gesture'.

l. 15. *Détrompée* = 'no longer the dupe'.

l. 31. *poignée,* 'handful'; from *poing,* 'fist'. The suffix *ée* denotes the quantity contained in the simple or primitive noun; thus *bouchée,* = 'mouthful', *assiettée* = 'plateful', *journée* = 'a day's occupation' (thence our 'journey').

l. 36. *Compiègne.* The battlements of Compiègne have long since mouldered away; choked by the fallen fragments, the fosse is once more level with the plain; even the old bridge has been replaced by another higher up the stream, yet, amidst all these manifold changes, the precise spot of the catastrophe is still pointed out by popular tradi‑ tion to the passing stranger.

PAGE 39.

l. 4. *Lionel.* Lionel de Ligny, bâtard of Vendôme, was a depend‑ ant of the Sire de Luxembourg, general of the Duke of Burgundy.

l. 10. *son trône,* 'his (Charles VII's) throne'.

l. 20. *la prétendue trahison du sire de Flavy.* For a long time there was no positive proof against Flavy: but at length he was mur‑ dered by his own wife, who when put upon her trial pleaded and proved that he had resolved to betray Joan of Arc to the enemy.

l. 32. *rappelait ceux,* 'called to mind those', i.e. the presentiments or suspicions.

l. 33. *cène funèbre=*'the Last Supper'; *cène* from Lat. *cena.*

l. 38. *qui l'était venue voir=qui était venue la voir.* Note the close connection of the verb *venir* with the inf. whereby the grammatical order of the words is disturbed, and the pronoun conjunctive to that inf. stands in the place it would occupy if *venir* were an auxiliary verb. This is generally the case with all the modal verbs: *pouvoir, savoir, aller, venir, entendre, voir.* Cp. p. 6, l. 32.

PAGE 40.

l. 7. *On remarquait depuis quelque temps,* 'one had remarked for some time past'. The simple tense is used with *depuis* for the Eng. compound tense. The French idiom in this follows the Latin; cp. "Jamdiu vos expectabam."

l. 10. *les mystères,* 'the mysteries of religion'.

l. 22. *le récit=*'the topic of conversation'.

l. 28. *d'après=*'in accordance with'; lit. 'from after (the manner of)'.

l. 30. *Ligny dépendait=*'L. was a feudal vassal'. Cp. p. 39, l. 4.

l. 32. *de qui relevaient ses domaines=*'from whom he held his domains'.

l. 36. *un de ses propres châteaux.* This was the "Château de Margny."

l. 39. *l'inquisition.* 'The Inquisition', which owed its origin to Pope Gregory IX., set up, in numerous districts, tribunals independent of the civil power, for the examination and punishment of *heretics;* they could apply torture to exact confession, and they could even inflict death. Dominicans were the chief inquisitors.

PAGE 41.

l. 7. *pour être procédé...*'in order that proceedings should be taken'; lit. 'for (it) to be proceeded'.

l. 9. *c'étaient des Français.* The verb *être* after *ce* is put in the plural when the following word is a plural substantive or a plural pronoun of the *third* person.

l. 24. *que si elle échappait,* 'as her escaping'; lit. 'than if she escaped'. The ind. is used after *si* except when *si* is followed by the pluperfect, in which case the subjunctive is used if a doubt is implied.

l. 27. *les lettres* = 'learning'.

l. 32. *Cauchon,* Bishop of Beauvais, had been ejected by the citizens of Beauvais when they declared for the king. He had much practice in Canon Law, and was known as an ambitious, unscrupulous partisan.

l. 40. *veut bien* = 'consents'.

PAGE 42.

l. 12. *la honte et l'ingratitude.* The worst wrongs of Joan were dealt her by the hands of her own countrymen. Her most bitter enemy, the Bishop of Beauvais, was a Frenchman; so was his colleague, the Vicar-general of the Inquisition; so were both the malignant Estivet and the perfidious Loiseleur—the judges, the accuser and the spy. Even after this large deduction there will still remain a heavy responsibility against the English authorities—both civil and religious—against the Duke of Bedford and the Cardinal of Winchester.

l. 17. *aux soins.* Note the dative with verbs of "depriving."

l. 29. *Jeanne, absente, triomphait partout,* 'Joan, though out of sight, was still triumphant everywhere'. The English seeing that the capture of Joan did not bring back victory to their party, imagined that there was a spell about her while she lived, and they thirsted for her death.

PAGE 43.

l. 3. *Il s'ouvrit,* 'it was begun'. Cp. p. 37, l. 33.

l. 5. *le clergé de Beauvais.* It was the Cardinal of Winchester who employed the ejected Bishop of Beauvais, Cauchon, as his instrument; by holding out to Cauchon the hope of being appointed to the Archbishopric of Rouen then vacant, the Cardinal might reckon upon his being a safe and eager tool of English vengeance.

l. 35. *Plus de cent docteurs ecclésiastiques.* The tribunal was thus composed: the Bishop (Cauchon) was first judge; the second was Jean Lemaître, vicar-general of the Inquisition; the office of public advocate or accuser devolved upon Estivet, canon of Beauvais. Nearly 100 doctors of theology were in attendance, but had not votes in the decision; they gave their counsel and assistance when required, as assessors.

l. 36. *On eût dit,* 'one might have said'. The pluperfect subjunctive is often used for the past conditional.

PAGE 44.

l. 1. *se partager,* 'share with one another'; *se* is here a dative.

l. 8. *prononcer* = 'to pass sentence'.

l. 9. *rien épargné.* Notice the place of *rien* before the past participle. The words which may precede the verb in the inf. may also elegantly be placed before the past participle. Cp. p. 26, l. 37.

l. 25. *confiance* = 'trustfulness'. His plan was to gain upon Joan's confidence, to give her false counsels, and to betray her, under the seal of confession, into unguarded disclosures.

l. 29. *assistaient, invisibles...,* 'were present though invisible at these conversations, and noted down these effusions of her lamentation'.

l. 31. *tabellions,* 'scribes' or 'reporters'; also 'village notaries'.

l. 33. *d'aussi infâmes surprises,* 'disclosures thus infamously wrested from her beguiled conscience'.

l. 36. *s'entendant avec l'évêque,* 'acting in concert with Cauchon'.

PAGE 45.

l. 6. *le 21 février,* 1431. She underwent, altogether, fifteen examinations.

l. 7. *elle semblait oubliée de ses amis.* While she was so long a prisoner Charles never lifted a finger to save her; we hear of no attempt at rescue, no proposal for ransom; no protest against her trial; nay, not even, after her death, one single expression of regret.

l. 23. *de sa propre main,* 'with her own hand'; *propre* before the subst. = 'own', *propre* after the subst. = 'clean'.

l. 25.   *odieux;* used here as a substantive.

l. 28.   *C'était un pouvoir romain.*   The Inquisition was of papal organisation.   See p. 40, l. 39.

PAGE 46.

l. 2.   *au commencement de sa captivité.*   It was while at the Château de Beauvoir that she had tried to escape by leaping down from one of the towers.   She was picked up insensible and henceforth kept in strict confinement.

l. 4.   *à elle,* 'on her part'.

l. 12.   *le Pater, l'Ave, et le Credo,* the Lord's Prayer, the address to the Virgin (*Ave Maria,* Hail Mary), and the Apostles' Creed.

l. 14.   *Apprendre* is both 'to learn' and 'to teach'.   Cp. Ps. xxv. *v.* 4 and 8.

l. 20.   *de bien bon cœur,* 'with right good will'.

l. 28.   *chancelante.*   The verb *chanceler = eschanceler,* to issue from the *cancelli,* come out of the guidance of the barriers and so to walk uncertainly, 'to stagger'.

PAGE 47.

l. 3.   *au village de Neufchâtel;* see note on p. 3, l. 7.

l. 8.   *dès l'âge,* 'from the age'; *dès* is formed from Lat. *de ex.*

l. 25.   *de ne rien répondre.*   With an infinitive the component parts of the negatives *ne pas, ne rien,* etc. are not separated.

l. 28.   *qu'elle eût à dire,* 'that she must tell'.

PAGE 48.

l. 1.   *qu'elle restreignit son serment.*   Her clear good sense seemed to retrieve her want of education, and to pierce through the subtle wiles and artifices elaborately prepared to ensnare her.

l. 29.   *Si je n'y suis pas...*'If I am not in a state of grace before God, I pray God that it may be vouchsafed to me, if I am, I pray God that I may be preserved in it'.   Cp. Queen Elizabeth's definition of Transubstantiation, by which she eluded the snare set for her:

> Christ's was the word that spake it,
> He took the bread and brake it,
> And what that word doth make it
> That I believe, and take it. -

l. 37. *compère*=co-sponsor; *compère* and *commère*, like our Engl. 'gossip', which originally meant 'one related (*sib*) in the service of God', have had their meaning extended to that of a familiar acquaintance, one who runs about telling and hearing news; *parrain, marraine* (Low Lat. *patrinus, matrina*) are the modern words for 'godfather' and 'godmother'.

l. 39. *je vous dirais bien une chose,* 'I could reveal something to you', i. e. I could tell you about my visions. Henri Martin says that her answer was; "Je ne savais à Domrémy qu'un seul Bourguignon; j'eusse voulu qu'il eût la tête coupée, pourvu que cela plût à Dieu," and he remarks upon it: "C'est le souvenir d'une colère d'enfant et non un sentiment actuel."

PAGE 49.

l. 6. *d'y avoir été,* of having gone with them; *avoir été* can be used for *être allé* when the return from the place mentioned has been effected.

l. 17. *vous êtes-vous portée ?*='have you been?'

l. 19. *Du mieux que j'ai pu,* 'as well as I have been able'.

l. 31. *qui s'adressent,* 'which relate to'.

PAGE 50.

l. 6. *Je m'en fie à Dieu qui en fera à son plaisir.* This pronoun *en* (= 'thereof'), though not translated in English, is only apparently redundant; it signifies 'about it', 'about the point in question'.

l. 8. *à la reine.* The dative is the case of the remoter object after verbs of "asking, depriving, buying."

l. 17. *m'en pria*=*me pria de le faire.* So likewise, l. 20, the genitive pron. *en*, in *je n'en avais pas encore congé*, stands for *de le faire*, 'of doing so'.

l. 21. *Si j'eusse cru*=*si j'avais cru.* After *si* the pluperfect indicative may be changed into the plup. subjunctive; but a present tense or an imperfect tense remains always indicative. When *si* means 'whether' it is followed by either the future or the conditional.

l. 27. *devant la mort,* 'in presence of death'; not *avant*, which refers to time only.

l. 29. *N'avez-vous point fait faire...* 'Have you not had an image of yourself made?' Obs. the inf. active with *fait*. Cp. p. 5, l. 31; p. 11, l. 33.

l. 38. *m'approchaient*=*s'approchaient de moi.*

PAGE 51.

l. 7. *que l'on me pria*...'which they begged me to hold in my arms at Lagny, was three days old'.

l. 14. *à mes frères.* Joan's brothers and their issue took the name of 'Du Lis' from the Lily of France, which the king had assigned as their arms.

l. 15. *Quant à moi*, 'as for me'; *quant à* is an elliptical locution derived from the Latin 'quantum (pertinet) ad'.

l. 18. *On revint sur le signe*='she was questioned again upon the token'.

l. 31. *tout ce qu'elle avait fait de bien*, 'any good she had done'; obs. the genitive *de bien* after the expression of quantity *tout.*

PAGE 52.

l. 3. *Il avait été à la peine*, 'it had participated in the toil'.

l. 7. *il restait*, 'there remained'.

l. 16. *Je m'en remets à mon juge*, 'I commit myself to my judge', i. e. God. Note the force of the pron. *en*=on this subject; without it *je me remets* ='I hand myself over'. According to Henri Martin her answer was "Je m'en remets à mon juge; c'est le roi du ciel et de la terre."

l. 39. *de cœur*='freely', lit. with your heart.

PAGE 53.

l. 6. *de par Dieu*='for God's sake'. Cp. p. 22, l. 12.

l. 15. *souffler*='to prompt'.

l. 16. *faire jeter ;* cp. p. 5, l. 32.

l. 19. *ne l'enlevât*, 'should snatch her away'; *ne* after the verb of fearing (*tremblait*) is not really a negative particle; cp. p. 14, l. 14.

l. 21. *le roi*, of England.

l. 22. *ne voudrait*, 'would wish'; *ne* is the real negation which is qualified by such words as *pas*, *rien*, etc.; hence *pas* is not required when the negation is defined by some other expression such as *aucun*, *aucunement*, *pour rien au monde*, etc.

l. 24. *au plus vite*='as quickly as possible'.

l. 28. *vu la maladie que j'ai*, 'considering the malady I am suffering from'; *vu* is here elliptical; it may be considered as a preposition derived from the past participle; similarly *excepté, attendu*, which are invariable when placed before the substantive. To these may be added *hormis* ('except '), in Old Fr. *hors-mis*, i.e. *mis-hors* ('placed outside'); in this locution the participle *mis* was originally variable; e.g. " hors *mise* la fille."

PAGE 54.

l. 2. *versaient leur sang*, 'were shedding their blood' (at Compiègne).

l. 17. *Il mettait au prix de ce changement d'habits...*'this change of clothes was the price he set upon the permission...'.

l. 26. *où* = 'on which'.

l. 33. *procès-verbaux* = 'reports'.

l. 34. *altérée*, 'athirst'; *altérer* from scholastic Lat. *alterare*, der. from *alter*, originally signified 'to change'; thence 'to change for the worse', 'to disturb', 'to excite', 'to make thirsty'.

l. 36. *de même* = 'likewise'; i.e. *de même manière*.

PAGE 55.

l. 2. *au lieu de la mort*. According to the rules of the Inquisition, in Joan's time, it was not heresy in the first instance, but only relapse into heresy, that could be punished with death.

l. 3. *à la victime*, 'from the victim'.

l. 6. *toute malade*. Obs. *tout* though adv. agrees like a simple adj. when the fem. adj. which follows it begins with a consonant or an aspirated *h*. In Old Fr. *tout* always agreed with its subst. whether it meant 'wholly' or 'all'. Cp. p. 22, l. 2.

l. 31. *des deux compétiteurs*, 'of the two claimants to the throne'.

PAGE 56.

l. 1. *ne put contenir*. Obs. *ne* alone without *pas* is used with the verbs *pouvoir, savoir, bouger, cesser, oser;* this is a survival of the old custom. Cp. p. 53, l. 22.

l. 11. *Je veux bien* = 'I have no objection'; *vouloir bien* is less emphatic than *vouloir;* with most verbs *bien* has the meaning of 'indeed', 'forsooth'; with an adj. it means 'very'; with a partitive subst. it is used in the sense of 'much'.

J. D'ARC.   7

l. 23. *l'admettre à la pénitence*, 'condemn her to do penance'. What this 'penance' was is explained l. 35, viz.: imprisonment for life, with the bread of tears and the water of affliction for her food.

l. 24. *octroyer*, 'to concede', 'grant'; from the same Lat. word as *autoriser*. Hence the *octroi*, or duty levied on articles carried into a town, originally in virtue of a *grant* from the king.

PAGE 57.

l. 4. *fainéants*, 'idle (do-nothing)'; from *faire* and *néant*. This latter word *néant*, .Old Fr. *nient*, is from Lat. *ne* or *nec* and *entem*, *ens*, 'a being'. Its other derivatives are *anéantir*, *néanmoins*.

l. 8. *nous la retrouverons bien.* Here *bien*='certainly'. Cp. p. 56, l. 11.

l. 21. *À peine eut-elle*, 'scarcely had she'. For this inversion of the verb and pronoun subject in a principal sentence that begins with *à peine, peut-être, en vain*, etc., cp. p. 26, l. 13.

l. 27. *que de vivre.* When the comparison is between two infinitives *que de* is generally used instead of *que*.

l. 37. *Un confesseur.* At day-break on the 30th May, 1431, Martin l'Advenu was directed to prepare her for her coming doom.

PAGE 58.

l. 5. *j'en appelle*, 'I appeal (from or touching this=*en*)'.

l. 11. *L'évêque assistait*, 'the bishop (Cauchon) was present'.

l. 16. *un prédicateur.* According to Michelet this preacher was Pierre Morice.

l. 26. *Isambart.* Henri Martin gives the full name of this Augustin monk 'Isambart de la Pierre'.

PAGE 59.

l. 5. *le prédicateur.* Nicole Midi, one of the lights of the University of Paris.

l. 6. *l'Église ne peut plus te défendre.* The trial and sentence were the part of the Church; the carrying out of the sentence belonged to the secular power.

l. 11. *demander grâce de*, 'to beg for'. Obs. the dative of the remoter object (*aux juges*) of the verb *demander*.

l. 16. *tantôt...tantôt*, 'at one time...at another'.

l. 34. *Elle vit de quel prix...*, 'she saw what was to be paid for heroism and glory'.

PAGE 60.

l. 2. *son acceptation de cœur* = 'her resignation at heart'.

l. 3. *sa révolte des sens*, 'her bodily shrinking from'; lit. rebellion of the senses.

l. 4. *le laissent conclure*, 'allow it to be inferred'. Obs. the infinitive active for the Eng. passive after verbs of "causing."

l. 20. *de plus près*, 'closer'.

l. 25. *l'huissier massier* = 'the mace-bearer'.

à une église voisine. The Church of Saint Sauveur.

l. 27. *véritable Simon.* In allusion to Matt. xxvii. 32, "And as they came out, they found a man of Cyrene, Simon by name: him they compelled to bear His cross."

l. 33. *liée à un poteau.* She was bound to the stake and upon her head was placed a mitre on which were inscribed the words: 'Hérétique, relapse, apostate, idolâtre'.

PAGE 61.

l. 2. *comme si cette voix fût déjà venue*, 'as if this voice had already come'; *si* ('if') may take the subjunctive when the tense is a pluperfect.

l. 6. *que tu n'expies.* Obs. *ne* after a verb of "fearing" used dubitatively. Cp. p. 14, l. 14.

l. 10. *On eût dit* = *on aurait dit.* The pluperf. subj. is often used for the compound conditional; cp. p. 43, l. 36.

l. 13. *qui montait au vent* = 'which was fanned by the wind'.

l. 26. *la disputaient à la servitude* = 'strove to rescue it from foreign subjugation'.

l. 36. *don.* The second *don*, being in apposition, requires no article.

PAGE 62.

l. 6. *abandonnée du roi.* Not '*par le roi*'. Passive verbs are followed by *de* when they express a feeling of the heart or soul, or a state or condition; by *par* when they express an action of the mind or

body.   The gratitude of Charles VII towards Joan did not last beyond
her first reverse at Paris.   Before that time he had been anxious
to acknowledge her services; but she refused all rewards for herself
and only asked that her birth-place might hereafter be free from any
kind of impost.   This privilege was granted by the king in an Ordinance
dated July 31, 1429, and confirmed by another in 1459.   It continued
in force for more than three centuries.

l. 11.   *une assomption,* probably with reference to the Assumption
of the Virgin Mary.

l. 17.   *elle en vit,* 'she lives through it'; *en* = 'of this patriotic
faith'.

VOCABULARY.

à, prep. *to, for.*
abandonner, v. a. *to forsake, to leave.*
abattement, m. *prostration.*
abîme, m. *abyss.*
abord (d'), *at first.*
aborder, v. a. *to approach.*
abri, m. *shelter;* à l'—, *under shelter.*
abriter (s'), v. r. *to take shelter.*
absence, f. *absence.*
absolu, adj. *absolute.*
abuser, v. a. *to abuse.*
accabler, v. a. *to overwhelm.*
accent, m. *accent, tone.*
accès, m. *fit, access.*
accompagner, v. a. *to accompany.*
accomplir, v. a. *to fulfil.*
accorder, v. a. *to grant.*
accourir, v. n. *to run up.*
accoutumer, v. a. *to accustom.*
accueil, m. *reception.*
accueillir, v. a. *to welcome.*
accusation, f. *accusation.*
accuser; v. a. *to accuse.*
acharné, adj. *rabid, implacable.*
acheter, v. a. *to buy.*
achever, v. a. *to accomplish.*
acier, m. *steel.*
acquis, p. p. of acquérir, *to acquire.*
acte, m. *deed, act.*
actif, -ve, adj. *active.*
actuellement, adv. *really.*
adieu, adv. *farewell.*
admettre, v. a. *to admit.*

admonester, v. a. *to admonish, warn.*
admonition, f. *words of warning.*
adopter, v. a. *to adopt, choose.*
adoucir, v. a. *to soften.*
adresser, v. a. *to address;* s'— à, *to refer to.*
adulation, f. *flattery.*
advenir, v. n. *to happen.*
affaiblir, v. a. *to weaken.*
affaire, f. *affair, business.*
affaissement, m. *dejection, prostration.*
affaisser (s'), v. r. *to sink down.*
affecté, p. p. *moved, affected.*
affecter, v. a. *to affect.*
affliger, v. a. *to afflict.*
affranchir, v. a. *to free, set free.*
afin de, prep. *in order to.*
afin que, conj. *in order that.*
âge, m. *age, time.*
agenouiller (s'), v. r. *to kneel.*
agiter, v. a. *to agitate.*
agonie, f. *agony, death-struggle.*
aide, m. *help, assistance.*
aider, v. a. *to aid, help.*
aigle, m. *eagle.*
aiguille, f. *needle.*
aile, f. *wing.*
ailleurs, adv. *elsewhere;* d'—, *besides.*
aimable, adj. *amiable.*
aimer, v. a. *to love, like;* — mieux, *to prefer.*
ainsi, adv. *so, thus, in this manner.*

air, m. *air.*
aisance, f. *case, easy circumstances.*
ajouter, v. a. *to add, join.*
alarmer, v. a. *to alarm.*
alité, p. p. *bed-ridden.*
alléger, v. a. *to lighten.*
aller, v. n. *to go; s'en —, to go away;* **aller** followed by an inf. *= to be on the point of.*
allié, m. *ally.*
allons! excl. *come!*
allumer, v. a. *to light, kindle; s'—, to light up, burn.*
allusion, f. *allusion.*
alors, adv. *then.*
altéré, p. p. *athirst, thirsting.*
amant, m. *lover.*
ambulant, p. p. *wandering, strolling, itinerant.*
âme, f. *soul, courage.*
amener, v. a. *to bring.*
amer, -ère, adj. *bitter.*
amèrement, adv. *bitterly.*
amertume, f. *bitterness.*
ameuter (**s'**), v. r. *to gather into crowds, riot.*
ami, m. *friend.*
amitié, f. *friendship.*
amollir, v. a. *to soften.*
amour, m. *love.*
amoureusement, adv. *lovingly.*
an, m. *year.*
anéantir, v. a. *to destroy.*
ange, m. *angel.*
Angelus, m. *prayer-bell.*
anglais, adj. *English.*
angoisse, f. *anguish, pang.*
animal, m. *animal.*
animer, v. a. *animate, inspire, imbue.*
anneau, m. *ring.*
année, f. *year's duration.*
annoncer, v. a. *to announce, proclaim.*
antiquité, f. *antiquity.*
apaiser, v. a. *to appease.*
apanage, m. *appanage.*
apercevoir, v. a. *to see, perceive; s'— de, to become conscious of.*

apitoyer, v. a. *to touch with pity; s'—, to be moved with pity.*
apostrophe, f. *address, rebuke.*
apostropher, v. a. *apostrophise.*
apparaître, v. n. *to appear.*
appareil, m. *preparation.*
apparemment, adv. *apparently.*
apparent, adj. *conspicuous.*
apparition, f. *apparition, vision.*
appeler, v. a. *to call; s'—, to be called.*
appliquer, v. a. *to apply, prop up.*
apporter, v. a. *to bring.*
apprendre, v. a. *to learn, teach.*
approcher, v. a. *to bring near; s'—, to draw near.*
appui (à l'), (*in*) *support.*
appuyer, v. a. *to support, back up.*
après, *after, afterwards;* d'—, *in accordance with.*
arbre, m. *tree.*
archange, m. *archangel.*
archer, m. *archer, bowman.*
archevêché, m. *archbishopric.*
archevêque, m. *archbishop.*
ardent, adj. *warm, keen, eager.*
ardeur, f. *ardour, fervour.*
argent, m. *silver, money.*
arme, f. *weapon.*
armée, f. *army.*
armer, v. a. *to arm.*
armoiries, f. pl. *arms, armorial bearings, coat of arms.*
armure, f. *armour, coat of mail.*
arracher, v. a. *to pull out, tear away.*
arrêt, m. *sentence, decree.*
arrêter, v. a. *to stop, arrest.*
arrière (en), adv. *back.*
arrivée, f. *arrival.*
arriver, v. n. *to arrive, come.*
art, m. *art.*
ascendant, m. *power, influence.*
aspirer, v. n. *to aspire.*
assaillant, m. *assailant.*
assaillir, v. a. *to storm, attack.*
assaut, m. *assault, storming.*
asseoir (**s'**), v. r. *to sit down.*
asservir, v. a. *to reduce to servitude, subdue.*

asservissement, m. *subjection.*
assesseur, m. *assessor (judge).*
assez, adv. *enough;* with an adj. following = *rather, fairly.*
assiéger, v. a. *to besiege.*
assiette, f. *position.*
assis, *seated,* p. p. of assseoir.
assistant, m. *witness, by-stander.*
assister, v. a. *to help, be present at.*
associer (s'), v. r. *to make common cause with, associate oneself.*
assurer, v. a. *to secure.*
asyle, m. *refuge.*
atelier, m. *workshop.*
attachement, m. *affection.*
attacher, v. a. *to fasten.*
attaque, f. *attack, onset.*
attaquer, v. a. *to attack.*
atteindre, v. a. *to reach, attain, get at.*
atteinte, f. *blow.*
attelage, m. *team.*
attendre, v. a. *to expect, wait.*
attendri, *moved,* p. p. of attendrir, *to make tender.*
attente, f. *expectation.*
attentif, adj. *attentive.*
attention, f. *attention.*
attester, v. a. *to attest, prove, testify.*
attirer, v. a. *to attract, fascinate.*
attrait, m. *attraction, charm.*
attribuer, v. a. *to ascribe, attribute.*
aucun, *any;* — (ne), *not any, no.*
aucunement (ne), adv. *not at all, in no way.*
audace, f. *daring, boldness.*
au-dessus, adv. *above.*
auditions, f. pl. *sounds.*
augmenter, v. a. *to increase.*
aujourd'hui, adv. *to-day, now.*
aumônier, -ère, adj. *charitable, fond of alms-giving.*
auparavant, adv. *before.*
auprès (de), *near.*
aussi, *as, also, so.*
aussitôt, adv. *at once;* — que, conj. *as soon as.*
austère, adj. *grave, austere.*
autant, *as much;* — que, *as much as.*

autel, m. *altar.*
auteur, m. *author.*
automne, m. *autumn.*
autoriser, v. a. *to authorise.*
autorité, f. *authority, power.*
autour (de), *round, around.*
autre, adj. *other;* les autres, *others.*
autrui, *other people, another.*
avance (d'), *by anticipation, in advance.*
avancer (s'), v. r. *to advance, move forward.*
avant, *before (of time);* en —, *forward.*
avantage, m. *advantage.*
avant-garde, f. *vanguard.*
avec, prep. *with.*
avenir, m. *future.*
aventure, f. *incident;* par —, *by chance.*
aventurier, m. *adventurer.*
avertir, v. a. *to warn, caution.*
aveu, m. *confession.*
aveugler, v. a. *to blind.*
avide, adj. *greedy.*
avis, m. *advice, opinion.*
aviser, v. a. *to inform.*
avouer, v. a. *to own, confess.*

baigner, v. a. *to bathe.*
baiser, v. a. *to kiss.*
balayer, v. a. *to sweep away.*
balbutiement, m. *stammering.*
bande, f. *band, troop.*
bander, v. a. *to bend (a bow).*
bannière, f. *banner.*
baptiser, v. a. *to baptize.*
bas, adj. *low;* en —, *below;* à voix basse, *in a whisper.*
bastille, f. *fort.*
bataille, f. *battle.*
batailler, v. *to fight, wage war.*
bataillon, m. *battalion.*
bateau, m. *boat.*
bâtir, v. a. *to build.*
battre (battant, battu, bats, battis), v. a. *to beat.*
baume, m. *balm.*
béatitude, f. *blessedness.*

beau (belle), adj. *fine, beautiful.*
beaucoup (de), *much, many.*
beauté, f. *beauty.*
belle-mère, f. *mother-in-law.*
bénir, v. a. *to bless.*
berceau, m. *cradle.*
berger, -ère, *shepherd, -ess.*
besoin, m. *need.*
bête, f. *beast, animal.*
bien, adv. *well, very, indeed;* ou —, *or else.*
bien que, conj. *although.*
bientôt, adv. *soon.*
blanc (blanche), adj. *white.*
blasphémer, v. *to blaspheme.*
blesser, v. a. *to wound.*
blocus, m. *blockade, investment.*
boire (buvant, bu, bois, bus), v. a. *to drink.*
bois, m. *wood.*
boisé, adj. *woody.*
boisson, f. *beverage.*
bon (bonne), adj. *good.*
bonheur, m. *happiness.*
bonté, f. *kindness.*
bord, m. *edge, border.*
border, v. a. *to border, line.*
bouche, f. *mouth.*
boue, f. *mud.*
bouquet, m. *nosegay.*
bourgeois, m. *citizen.*
bourgeoisie, f. *town people.*
Bourguignon, m. *Burgundian.*
bourreau, m. *executioner, hangman.*
bout, m. *end, point.*
branche, f. *branch.*
bras, m. *arm.*
brave, adj. *brave, honest.*
bravoure, f. *bravery.*
brebis, f. *sheep, ewe.*
bride, f. *bridle.*
briser, v. a. *to break.*
bruit, m. *noise, rumour.*
brûler, v. a. *to burn.*
bûcher, m. *stake, funeral-pile.*

cacher, v. a. *to hide, conceal.*
cachot, m. *prison-cell.*
cadavre, m. *corpse, dead body.*
calamité, f. *calamity.*

calomniateur, m. *traducer, calumniator.*
camp, m. *camp.*
campagne, f. *country, fields, campaign, expedition.*
candeur, f. *candour, purity.*
canon, m. *gun, cannon.*
capitaine, m. *captain.*
capitale, f. *capital.*
capter, v. a. *to captivate, exercise undue influence over.*
captif, adj. *captive.*
captivité, f. *captivity.*
car, conj. *for, because.*
caractère, m. *character.*
carême, m. *lent;* mi—, f. *mid-lent.*
carte, f. *card.*
cas, m. *case;* au — où, *in case that.*
casque, m. *helmet.*
cathédrale, f. *cathedral.*
cause, f. *cause.*
causer, v. n. *to talk.*
cavalier, m. *horseman, rider.*
ceci, pron. *this (thing).*
céder, v. n. *to yield.*
ceinture, f. *girdle, belt.*
cela, pron. *that.*
célèbre, adj. *illustrious, renowned.*
céleste, adj. *heavenly, celestial.*
celui de, *the one of, that of.*
celui qui, *he who.*
cendre, f. *ashes.*
cène (funèbre), f. *(last) supper.*
cependant, conj. *however, nevertheless.*
ce que, *that which, what.*
cerf, m. *stag.*
cerner, v. a. *to surround.*
certain, adj. *secure, certain.*
cesse, f. *ceasing;* sans —, *incessantly.*
cesser, v. a. *to cease, discontinue.*
chacun, pron. *each one, every one.*
chaîne, f. *chain.*
chaleur, f. *warmth, zeal.*
chambre, f. *room, chamber.*
champ, m. *field;* sur le —, *at once, immediately;* — clos, *lists.*
champenois, adj. *of Champagne.*
chanceler, v. n. *to totter, stagger.*

chancelier, m. *chancellor.*
changer, v. a. *to change, alter.*
chant, m. *song, singing.*
chanter, v. a. *to sing, chant.*
chanvre, m. *hemp.*
chapeau, m. *hat, wreath.*
chapelain, m. *chaplain.*
chapelet, m. *chaplet.*
chapelle, f. *chapel.*
chaque, adj. *each, every.*
char, m. *car.*
charge, f. *load, responsibility, charge, burden.*
charger, v. a. *to load;* se — de, *to burden oneself with, undertake.*
charitable, adj. *charitable, benevolent.*
charité, f. *charity.*
charme, m. *charm, spell.*
charmer, v. a. *to charm, beguile, bewitch.*
charrette, f. *cart.*
charron, m. *wheelwright.*
charrue, f. *plough.*
chasser, v. a. *to drive away.*
chasseur, adj. *sporting;* s. m. *sportsman.*
chaste, adj. *chaste, pure.*
château, m. *castle.*
chaume, m. *thatch, thatched roof.*
chaumière, f. *cottage, cot.*
chef, m. *chief, leader.*
chemin, m. *way, journey;* en —, *on the road.*
chêne, m. *oak.*
cher (chère), adj. *dear, precious.*
chercher, v. a. *to seek.*
cheval, m. *horse;* à —, *on horseback.*
chevaleresque, adj. *chivalrous.*
chevalerie, f. *chivalry.*
chevalier, m. *knight.*
chevaucher, v. n. *to ride.*
cheveu, m. *hair.*
chez, prep. *at, at the house of.*
choisir, v. a. *to choose.*
choix, m. *choice.*
chose, f. *thing;* quelque —, *something.*
chrétienté, f. *Christendom.*

chronique, f. *chronicle, history.*
chroniqueur, m. *chronicler, historian.*
chute, f. *fall.*
ciel, m. *heaven;* pl. cieux.
cimetière, m. *cemetery.*
circonstance, f. *circumstance.*
cité, f. *city, town.*
citer, v. a. *to cite, quote.*
civil, adj. *civil.*
clameur, f. *clamour, outcry.*
clef, f. *key.*
clergé, m. *clergy.*
cloche, f. *bell.*
cloison, f. *partition.*
clos, -e, p. p. of clore, *to enclose, shut;* champ clos = *lists.*
cœur, m. *heart.*
coin, m. *corner.*
colère, f. *wrath, anger.*
collectif, adj. *collective.*
colonne, f. *column.*
coloré, p. p. *dark (coloured).*
combat, m. *battle.*
combattre, v. a. *to fight.*
combien (de), adv. *how much, how many.*
commandant, m. *commander.*
comme, *as, like.*
commencer, v. a. *to begin.*
comment, adv. *how.*
commerce, m. *intercourse.*
communauté, f. *community, fellowship.*
communier, v. n. *to communicate, receive the sacrament.*
communiquer, v. a. *to impart, communicate.*
compagne, f. *companion, partner.*
compagnie, f. *company, gathering.*
comparaître, v. n. *to appear (before a judge).*
comparution, f. *(law) appearance*
compatir, v. n. *to compassionate.*
compatissant, adj. *compassionate, tender.*
compatriote, m. f. *compatriot, fellow-countryman, fellow-countrywoman.*

compère, m. *co-sponsor, crony.*
compétiteur, m. *competitor.*
complaindre (se), v. r. *to lament.*
complaire (se), v. r. *to delight (in).*
complaisamment, adv. *kindly.*
complaisance, f. *kindness.*
complaisant, (adj.); as s. m. *helper, fawner.*
complet (-ète), adj. *complete.*
complice, m. f. *accomplice.*
complot, m. *plot.*
comprendre, v. a. *to understand, comprehend.*
compromettre, v. a. *to compromise.*
comte, m. *count, earl.*
concentrer, v. a. *to concentrate.*
concerter (se), v. r. *to agree, concert together.*
concevoir, v. a. *to conceive.*
concile, m. *council.*
conciliateur (-trice), adj. *conciliating.*
conclure (concluant, conclu, conclus, conclus), v. a. *to conclude.*
concourir, v. n. *to concur, compete.*
condamner, v. a. *to condemn.*
condescendre, v. n. *to condescend.*
condition, f. *condition.*
conduire, v. a. *to conduct, lead.*
confesser, v. a. *to confess.*
confesseur, m. *confessor.*
confiance, f. *trust, confidence.*
confidence, f. *confidence, secrecy.*
confier, v. a. *to intrust.*
confirmer, v. a. *to confirm.*
confondre, v. a. *to confound, mar, break down.*
confondu, p. p. *confused.*
confus, adj. *confused, bashful.*
congé, m. *leave, permission.*
congédier, v. a. *to dismiss.*
conjurer, v. a. *to implore.*
connaissance, f. *knowledge, acquaintance.*
connaître, v. a. *to know, be acquainted with.*
conquérir, v. a. *to conquer.*
conseil, m. *counsel, advice.*

conseiller, m. *counsellor.*
conseiller, v. a. *to advise.*
consentement, m. *consent.*
consentir, v. n. *to consent.*
conserver, v. a. *to keep, preserve.*
considérable, adj. *large.*
considérer, v. a. *to consider.*
consolateur, m. *comforter.*
consoler, v. a. *to console, comfort.*
consommé, adj. *consummate.*
construire, v. a. *to construct.*
consulter, v. a. *to consult.*
consumer, v. a. *to waste away.*
contagion, f. *epidemic.*
contempler, v. a. *to behold.*
contenir, v. a. *to restrain, check.*
content, adj. *satisfied, pleased.*
contenter (se), v. r. *to be satisfied.*
conter, v. a. *to tell, narrate.*
conteur, m. *narrator.*
continuer, v. a. *to continue.*
contraindre, v. a. *to constrain.*
contraire (au), (on the) *contrary.*
contraste, m. *contrast.*
contre, prep. *against.*
contrée, f. *country, district, region.*
contribuer, v. a. *to contribute.*
contrister, v. a. *to afflict, pain.*
convaincre, v. a. *to convince.*
convenable, adj. *suitable.*
convier, v. a. *to invite.*
convoi, m. *convoy.*
cordelier, m. *cordelier, gray-friar.*
corps, m. *body, corps (of troops).*
cortège, m. *train.*
costume, m. *dress, garb, fashion.*
côte, f. *coast.*
côté, m. *side; à — de, near.*
cou, m. *neck.*
coucher, v. a. *to lay down; se —, v. r. to lie down, sleep.*
coudre (cousant, cousu, couds, cousis), v. a. *to sew.*
couler, v. n. *to flow.*
couleur, f. *colour.*
coup, m. *blow; tout à —, all at once.*
coupable, adj. *guilty;* s. m. *culprit.*
cour, f. *court.*
courage, m. *courage.*

courageusement, adv. *courage-ously*.
courant, m. *course, current*.
courir (courant, couru, cours, courus, courrai), v. n. *to run, to be in circulation*.
couronne, f. *crown*.
couronner, v. a. *to crown*.
cours, m. *course*.
coursier, m. *steed*.
court, adj. *short*.
courtisan, m. *courtier*.
courtois, adj. *courteous*.
cousin, m. *cousin*.
coûter, v. a. *to cost*.
couver, v. a. *to hatch, nurse*.
couvrir, v. a. *to cover, protect*.
craindre (craignant, craint, crains, craignis), v. a. *to fear*.
crainte, f. *fear*.
créance, f. *credence, heed, faith*.
crédulité, f. *credulity*.
créer, v. a. *to create, make*.
créneau, m. *battlement*.
cri, m. *cry, shout*.
crise, f. *crisis*.
croire (croyant, cru, crois, crus), v. a. *to think, believe*.
croisade, f. *crusade*.
croître (croissant, crû, crois, crus), v. n. *to grow*.
croix, f. *cross*.
croyance, f. *belief, creed*.
croyant, m. *believer*.
cruel, adj. *cruel*.
cueillir (cueillant, cueilli, cueille, cueillis), v. a. *to pluck, gather*.
cuirasse, f. *breast-plate, cuirass*.
culpabilité, f. *guilt*.
cultiver, v. a. *to cultivate*.
cupidité, f. *greed*.
curé, m. *vicar, rector*.
cynique, adj. *cynic, cynical*.

dague, f. *dirk*.
dame, f. *lady*.
damnable, adj. *damnable*.
danger, m. *danger*.
dangereusement, adv. *dangerously*.

dangereux, adj. *dangerous*.
dans, prep. *in, into*.
danser, v. n. *to dance*.
d'autant plus, adv. *all the more*.
d'avance, adv. *beforehand*.
davantage, adv. *more*.
de, prep. *of, from*.
dé, m. *die*; plur. dés, *dice*.
débattre, v. a. *dispute, cheapen down*.
débauche, f. *debauchery*.
debout, adv. *standing, up*.
décapité, p. p. *beheaded*.
décence, f. *decency, modesty*.
décharge, f. *discharge*.
décharger, v. a. *to discharge, relieve, unburden*.
déchirement, m. *rending, anguish, heart-breaking*.
déchirer, v. a. *to rend, tear*.
décider, v. a. *to decide, prevail upon*.
décisif, adj. *decisive*.
déclarer, v. a. *to declare*.
déconcerter, v. a. *to disconcert*.
découler, v. n. *to flow, proceed*.
décourager, v. a. *to discourage*.
découvrir, v. a. *to discover*.
dédaigneux, adj. *disdainful*.
dédain, m. *disdain*.
dedans, adv. *within*; en —, *internally*.
défaillir, v. n. *to faint, swoon*.
défaire, v. a. *to undo, to bring down*; se —, v. r. *to rid oneself*.
défaite, f. *defeat*.
défendre, v. a. *to defend, forbid*.
défi, m. *challenge*.
défier (se) de, v. r. *to be diffident of, distrust*.
défiler, v. n. *to file off*.
déguisement, m. *disguise*.
déjà, adv. *already*.
delà (au) de, *beyond*.
délai, m. *delay*.
délasser (se), v. r. *to rest*.
délibérer, v. n. *to discuss, plot*.
délices, f. pl. *sweets, pleasures*.
délivrance, f. *deliverance*.
délivrer, v. a. *to deliver, free*.

déloyalement, adv. *dishonestly.*
déloyauté, f. *dishonesty.*
demain, adv. *to-morrow.*
demander, v. a. *to ask.*
démence, f. *folly.* .
démenti, m. *contradiction.*
démentir, v. a. *to contradict, give the lie to, belie.*
demeurer, v. n. *stay, remain.*
demi, adj. *half.*
démon, m. *devil.*
dénaturé, adj. *unnatural, monstrous.*
dépeindre, v. a. *to depict, describe.*
déplaisir, m. *displeasure.*
déployer, v. a. *to unfurl.*
dépôt, m. *deposit, charge, stock, funds.*
dépouille, f. *spoils, booty, remains.*
dépouiller, v. a. *to lay aside.*
depuis, *since;* — longtemps, *long since, long ago.*
dernier, adj. *last.*
dérouler, v. a. *to unroll, unfurl.*
derrière, prep. and adv. *behind.*
dès, *from;* — que, *as soon as.*
désarmé, p. p. *defenceless, without arms.*
désastre, m. *disaster.*
désaveu, m. *disavowal, retractation.*
descendre, v. n. *to come down.*
descente, f. *downward journey.*
désespéré, adj. *desperate.*
déshonorer, v. a. *to dishonour.*
désigner, v. a. *to mark out, single out.*
désir, m. *desire, wish.*
désirer, v. a. *to wish, desire.*
désobéir (à), v. n. *to disobey.*
désobéissance, f. *disobedience.*
désordre, m. *disorder.*
désormais, adv. *henceforth.*
dessaisir (se), v. r. *to rid oneself, divest oneself.*
dessein, m. *design, plan;* à —, *purposely.*
desservir, v. a. *to thwart, injure.*
dessus, adv. *above.*
destiner, v. a. *to reserve, destine.*

destrier, m. *steed, charger, war-horse.*
détachement, m. *detachment, disengagement.*
détresse, f. *distress.*
détrompé, p. p. *undeceived, no longer the dupe of.*
devant, prep. *before, in presence of.*
devenir, v. n. *to become.*
devoir, m. *duty.*
devoir (devant, dû, dois, dus), v. a. *to owe;* v. n. *must, am to, ought to.*
dévotion, f. *devotion.*
dévouement, m. *devotedness, self-devotion.*
dévouer, v. a. *to consecrate, devote.*
dicter, v. a. *to dictate.*
Dieu, m. *God.*
difficile, adj. *difficult.*
difficulté, f. *difficulty.*
digne, adj. *worthy.*
dimanche, m. *Sunday.*
diminuer, v. a. *to lessen.*
dire, v. a. *to tell, say.*
diriger, v. a. *to direct.*
discipline, f. *discipline.*
discorde, f. *discord.*
discuter, v. a. *to discuss.*
disparition, f. *disappearance.*
disposition, f. *disposition.*
disputer, v. a. *to dispute.*
disséminer, v. a. *to scatter.*
distinct, adj. *distinct.*
distinctement, adv. *distinctly.*
distinguer, v. a. *to distinguish.*
distraction, f. *change of occupations.*
divers, adj. *different.*
divin, adj. *divine.*
divinatoire, adj. *divinatory, divining.*
diviniser, v. a. *to deify.*
docteur, m. *doctor at law.*
doigt, m. *finger.*
domestique, adj. *domestic.*
dominer, v. a. *to rule.*
dommage, m. *damage.*
donc, conj. *then, consequently.*

donner, v. a. *to give.*
dont, pron. *of which, of whom, whose.*
double, adj. *double.*
doucement, adv. *gently.*
douceur, f. *gentleness.*
doué, p. p. *gifted.*
douleur, f. *grief.*
douloureux, adj. *painful.*
doute, m. *doubt;* sans —, *doubtless.*
douter (de), v. n. *to doubt, disbelieve;* se — de, *to suspect, have a suspicion of.*
doux (douce), adj. *sweet, gentle.*
drap, m. *cloth.*
dresser (se), v. r. *to stand erect.*
droit, m. *right, title;* adj. *straight, right.*
dû, p. p. of devoir, q. v.
duc, m. *duke.*
duchesse, f. *duchess.*
dur, adj. *hard.*
durer, v. n. *to last, endure.*
dussé-je (imperf. subj. of devoir), *were I to.*

eau, f. *water.*
ébattre (s'), v. r. *to sport.*
éblouir, v. a. *to dazzle.*
éblouissement, m. *dazzling sensation.*
ébranler, v. a. *to set in motion, shake.*
écart (à l'), *aside.*
écarter, v. a. *to ward off, avert.*
échafaud, m. *scaffold.*
échapper, v. n. *to escape.*
échelle, f. *ladder.*
écheveau, m. *skein.*
échevelé, p. p. *dishevelled.*
éclairer, v. n. *to enlighten.*
éclat, m. *lustre, brilliancy.*
éclatant, adj. *brilliant, startling.*
éclater, v. n. *to burst forth, make a noise.*
écorce, f. *bark.*
écossais, adj. *Scotch.*
Écosse, f. *Scotland.*
écouter, v. a. *to listen.*

écrire (écrivant, écrit, écris, écrivis), v. a. *to write.*
écrit, m. *writing.*
écu, m. *shield, escutcheon.*
écuyer, m. *squire, shield-bearer, equerry, esquire.*
édifier, v. a. *to build, edify.*
effet, m. *effect;* en —, *in fact.*
efforcer (s'), v. r. *to strive.*
égards, m. pl. *attentions.*
égaré, p. p. *lost,* from égarer, v. a. *to lead astray.*
égarer (s'), v. r. *to stray, wander.*
église, f. *church.*
égorger, v. a. *to slay.*
élancer (s'), v. r. *to throw oneself, rush.*
élever, v. a. *to raise, bring up.*
éloigné, p. p. *remote.*
éloigner (s'), v. r. *to keep away.*
éloquent, adj. *eloquent.*
élu, p. p. of élire, *to elect.*
émaner, v. n. *to emanate.*
embrasser, v. a. *to embrace, contain.*
embrasure, f. *recess.*
émerveiller (s'), v. r. *to wonder, be amazed.*
emmener, v. a. *to lead away.*
émotion, f. *emotion, impulse.*
émouvoir (s'), v. r. *to become moved.*
emparer (s') de, v. r. *to seize, get possession of.*
empêcher, v. a. *to hinder, prevent.*
empire, m. *influence, empire.*
emploi, m. *occupation.*
employer, v. a. *to use, employ, utilise.*
emporter, v. a. *to carry away.*
empresser (s'), v. r. *to hasten.*
ému, *touched,* p. p. of émouvoir.
en, prep. *in.*
en, pron. *of it, of him, of her, of them, thereof.*
enceinte, f. *inclosure, space.*
enchaîner, v. a. *to enchain, bind in chains.*
enchanteur, m. *soothsayer, enchanter,*
enclin, adj. *inclined, disposed.*

encore, adv. *yet, as yet, still.*
encourager, v. a. *to encourage.*
endormir, v. a. *to lull (to sleep).*
endurer, v. a. *to endure.*
enfance, f. *infancy, childhood.*
enfant, m. f. *child.*
enfanter, v. a. *to give birth to.*
enfermer, v. a. *to enclose, shut in.*
enfin, adv. *at last, finally.*
enflammer, v. a. *to kindle, inflame, set in a blaze.*
enfoncer, v. a. *to burst open.*
enfouir, v. a. *to bury.*
enfuir (s'), v. r. *to flee away, escape.*
enjoindre, v. a. *to enjoin.*
enjouement, m. *playfulness.*
enlèvement, m. *carrying off.*
enlever, v. a. *to remove, take away.*
ennemi, m. *enemy.*
enorgueillir, v. a. *to elate, puff up with pride.*
énorme, adj. *enormous.*
enregistrer, v. a. *to register, enrol.*
enseigner, v. a. *to teach.*
ensemble, adv. *together.*
ensuite, adv. *afterwards.*
entasser, v. a. *to pile up, heap up.*
entendre, v. a. *to hear; s'—, v. r. to agree, come to an understanding.*
enthousiasme, m. *enthusiasm.*
enthousiaste, adj. *enthusiastic.*
entier, adj. *whole, entire.*
entourer, v. a. *to surround.*
entraîner, v. a. *to draw away, entice.*
entre, prep. *among, between.*
entrecombattre (s'), v. r. *fight with each other.*
entrecoupé, p. p. *broken.*
entremêlé, p. p. *intermingled.*
entreprendre, v. a. *to undertake.*
entreprise, f. *enterprise, expedition, undertaking.*
entrer, v. a. *to enter.*
entretenir, v. a. *to entertain, keep up, talk to; s'—, to converse.*
entretien, m. *conversation.*
entr'ouvrir, v. a. *to half-open.*
enveloppe, f. *covering.*

envelopper, v. a. *to envelop.*
envers, prep. *towards.*
envie, f. *envy.*
environ, adv. *about.*
environner, v. a. *to surround.*
environs, m. pl. *neighbourhood.*
envoler (s'), v. r. *to fly away.*
envoyé, m. *envoy, messenger.*
envoyer (envoyant, envoyé, envoie, envoyai, enverrai), v. a. *to send.*
épanchement, m. *effusion, outpouring.*
épargner, v. a. *to spare.*
épaule, f. *shoulder.*
épée, f. *sword.*
éperon, m. *spur.*
épisode, m. *episode, incident.*
époque, f. *time, epoch.*
époux, m. *husband.*
épreuve, f. *test, trial.*
éprouver, v. a. *to experience, test, try.*
épuiser, v. a. *to exhaust.*
errer, v. n. *to wander.*
escalader, v. a. *to scale.*
escorte, f. *escort.*
escorter, v. a. *to escort.*
espace, m. *space.*
espagnol, adj. *Spanish.*
espèce, f. *species, kind.*
espérance, f. *hope.*
espérer, v. a. *to hope.*
espoir, m. *hope.*
esprit, m. *mind, spirit.*
essuyer, v. a. *to wipe.*
estime, f. *esteem.*
estrade, f. *platform.*
étaler, v. a. *to display.*
état, m. *state, condition.*
été, m. *summer.*
éteindre, v. a. *to extinguish.*
étendard, m. *standard.*
étendre, v. a. *to extend, stretch out.*
étinceler, v. n. *to sparkle.*
étoile, f. *star.*
étonner, v. a. *to astonish; s'—, v. r. to be astonished, wonder.*
étouffer, v. a. *to stifle.*

étrange, adj. *strange.*
étranger, adj. *foreign.*
être, m. *being.*
évacuer, v. a. *to evacuate.*
évangile, m. *gospel.*
évanouir (s'), v. r. *to faint.*
évasion, f. *escape, evasion.*
éveiller, v. a. *to wake up, rouse.*
évêque, m. *bishop.*
éviter, v. a. *to avoid.*
exalter (s'), v. r. *to rise to a high pitch, to glow.*
examen, m. *examination, trial.*
exaucer, v. a. *to hear (prayers), grant.*
exceller, v. n. *to excel.*
excepté, p. p. *except.*
excès, m. *excess.*
exclure, v. a. *to exclude.*
excuse, f. *excuse, apology.*
excuser (s'), v. r. *to apologise.*
exécuter, v. a. *to carry out.*
exécution, f. *carrying out, fulfilment.*
exemple, m. *example.*
exercer, v. a. *to exercise.*
exhaler (s'), v. r. *to breathe out.*
exorciser, v. a. *to exorcise.*
exorcisme, m. *exorcism.*
expier, v. a. *to expiate.*
expliquer, v. a. *to explain.*
exploit, m. *exploit, gallant deed.*
exposer, v. a. *to explain.*
extérieur, adj. *external, exterior.*
extrême, adj, *extreme.*

fabliau, m. *fable, legend.*
face, f. *face;* en —, *in front.*
facile, adj. *easy.*
facilement, adv. *easily.*
faculté, f. *faculty.*
faible, adj. *weak, feeble.*
faiblesse, f. *weakness.*
faim, f. *hunger.*
fainéant, m. *idler;* adj. *idle.*
faire (faisant, fait, fais, fis, ferai), v. a. *to do, make.*
falloir, imp. v. *to be necessary.*
famé, adj. *famed;* bien —, *of good repute.*

fameux, adj. *famous.*
familiariser (se), v. r. *to get accustomed.*
familiarité, f. *familiarity.*
familier, adj. *familiar.*
famille, f. *family.*
fanatiser, v. a. *to fanaticise.*
fanatisme, m. *fanaticism, infatuation.*
fantôme, m. *phantom.*
fardeau, m. *load, burden.*
fatigue, f. *fatigue.*
faubourg, m. *suburb.*
faucille, f. *sickle.*
faudra (il), fut. of **falloir**.
faute, f. *fault, crime.*
fauteur, m. *disseminator.*
faux (fausse), adj. *false.*
faveur, f. *favour.*
favori (-te), adj. *favourite.*
favoriser, v. a. *to favour.*
fée, f. *fairy.*
feindre, v. a. *to pretend, feign.*
félicité, f. *happiness.*
félonie, f. *felony.*
féminin, adj. *feminine.*
femme, f. *woman, wife.*
fenêtre, f. *window.*
fer, m. *iron.*
ferai, fut. of **faire**.
ferme, f. *farm.*
ferme, adj. *firm.*
fermer, v. a. *to shut, close.*
fermeté, f. *firmness.*
féroce, adj. *fierce, ferocious.*
ferveur, f. *fervour.*
festin, m. *feast, banquet.*
fête, f. *feast.*
feu, m. *fire;* mettre le feu à, *to set fire to.*
février, m. *February.*
fidèle, adj. *faithful.*
fier, v. a. *to trust.*
fier, adj. *proud.*
fièvre, f. *fever.*
figure, f. *face, character.*
figurer, v. a. *to picture.*
filer, v. a. *to spin.*
fille, f. *girl, daughter.*
fils, m. *son.*

fin, f. *end.*
finalement, adv. *finally.*
finir, v. a. *to end, finish.*
flamme, f. *flame.*
flatter, v. a. *to flatter.*
flèche, f. *arrow.*
fléchir, v. a. *to bend, subdue.*
fleur, f. *flower.*
fleuve, m. *river.*
flot, m. *wave, billow.*
flotter, v. n. *to float, vacillate.*
foi, f. *faith, trust, promise.*
fois, f. *time;* à la —, *at one and the same time.*
folie, f. *folly.*
fonction, f. *function, duty.*
fondre, v. n. *to melt.*
fontaine, f. *fountain, spring.*
force, f. *strength, force.*
forcer, v. a. *to force, compel.*
forêt, f. *forest.*
forger, v. a. *to forge, fabricate.*
forme, f. *form, shape.*
fort, m. *fort;* adj. *strong.*
forteresse, f. *fortress.*
fortune, f. *fortune.*
fossé, m. *ditch.*
fou (folle), adj. *mad.*
foudroyer, v. a. *to crush (with a thunderbolt), mow down.*
foule, f. *crowd.*
fourbe, adj. *cheating, knavish, deceitful.*
foyer, m. *hearth, home, house.*
fraîcheur, f. *freshness.*
franc, m. *franc* (=tenpence).
frayer, v. a. *to cut open.*
frêle, adj. *frail.*
frémir, v. n. *to tremble, shudder.*
fréquent, adj. *frequent.*
frère, m. *brother.*
front, m. *forehead, countenance.*
frugal, adj. *frugal.*
fruit, m. *fruit.*
fuir, v. a. *to shun, avoid.*
fuite, f. *flight.*
fumée, f. *smoke.*
funeste, adj. *fatal.*
furtivement, adv. *stealthily.*

gagner, v. a. *to gain.*
galop, m. *gallop;* au —, *at a gallop.*
garçon, m. *boy.*
garder, v. a. *to guard, watch, keep.*
gardeur (-euse), adj. *keeper.*
gardien, m. *guardian.*
garnison, f. *garrison.*
gauche, adj. *left.*
gauchement, adv. *awkwardly, clumsily.*
gémir, v. n. *to lament, groan.*
gémissement, m. *groan.*
général, m. *general.*
génie, m. *genius.*
genou, m. *knee.*
gens, m. pl. *people.*
gentil, adj. *gentle, fair.*
gentilhomme, m. *nobleman.*
geolier, m. *jailor.*
gerbe, f. *sheaf.*
geste, m. *gesture, sign.*
gloire, f. *glory.*
gourmander, v. a. *to scold, upbraid.*
goût, m. *taste.*
gouverneur, m. *governor.*
grâce, f. *gracefulness, grace, favour, pardon.*
gracieux, adj. *pleasing.*
grand, adj. *great, large.*
grange, f. *barn.*
grave, adj. *sober, grave.*
grêle, f. *hail.*
gronder, v. a. *to scold.*
gros, adj. *big, large.*
grossièrement, adv. *rudely.*
groupe, m. *group.*
guérir, v. a. *to cure.*
guérison, f. *cure, recovery.*
guerre, f. *war.*
guerrier, m. *warrior;* adj. *warlike.*
guerroyer, v. n. *to wage war.*
guider, v. a. *to lead, guide.*

habileté, f. *ability, skill.*
habillement, m. *clothing.*
habit, m. *garment, garb.*
habitude, f. *custom, habit.*
habituer, v. a. *to accustom.*
hache, f. *hatchet.*

haie, f. *hedge.*
haine, f. *hatred.*
hair, v. a. *to hate.*
hameau, m. *hamlet.*
hanter, v. a. *to haunt, frequent.*
haquenée, f. *horse.*
hardiesse, f. *daring, boldness.*
hardiment, adv. *boldly.*
hasard, m. *chance.*
hâter (se), v. r. *to hasten.*
haut, adj. *high; loud;* en —, *on high;* s. m. *top.*
hélas! alas!
héraldique, adj. *heraldic.*
héraut, m. *herald.*
herbe, f. *herb.*
hérétique, m. *heretic;* adj. *heretical.*
héritage, m. *inheritance, land.*
héritier, m. *heir.*
héroïne, f. *heroine.*
héroïsme, m. *heroism.*
héros, m. *hero.*
hésitation, f. *hesitation.*
hésiter, v. n. *to hesitate.*
heure, f. *hour;* sur l'—, *at once;* tout à l'—, *presently, immediately.*
heureux, adj. *happy.*
hier, adv. *yesterday.*
histoire, f. *history.*
homme, m. *man.*
honnête, adj. *honest, pure, upright.*
honneur, m. *honour.*
honte, f. *shame;* faire —, *to make ashamed.*
honteux, adj. *bashful, disgraceful.*
horreur, f. *horror.*
hors (de), prep. *out of.*
hospitalité, f. *hospitality.*
hôte, m. *host, guest.*
huée, f. *hooting.*
huile, f. *oil.*
huissier, m. *usher.*
humain, adj. *human, humane.*
humble, adj. *humble.*
hymne, f. *hymn.*

ici, adv. *here;* d'ici, *hence.*
idée, f. *idea.*
ignorant, adj. *ignorant.*

ignorer, v. a. *to be ignorant of.*
il y a, *there is, there are.*
ile, f. *island.*
illuminer, v. a. *to enlighten.*
illusion, f. *hallucination, illusion.*
image, f. *image, representation.*
imaginer, v. a. *to conceive.*
impénitent, m. *impenitent.*
impérieux, adj. *domineering.*
impie, adj. *impious;* s. m. *infidel.*
implorer, v. a. *to implore.*
impopularité, f. *unpopularity.*
imposer (à), v. n. *to overawe.*
impossible, adj. *impossible.*
imputer, v. a. *to impute.*
inaction, f. *stillness, inaction.*
inanimé, p. p. *stunned.*
incrédulité, f. *incredulity.*
incrimination, f. *action, accusation.*
indécis, adj. *vague, wavering, undecided.*
indifférence, f. *indifference.*
indigne, adj. *unworthy.*
indigné, p. p. *indignant, offended.*
indigner (s'), v. r. *to be indignant.*
infailliblement, adv. *without fail, infallibly.*
infâme, adj. *infamous.*
inférer, v. a. *to infer.*
infini, adj. *infinite.*
informateur, m. *informer.*
informer, v. a. *to collect evidence.*
ingénu, adj. *ingenuous.*
inhabile, adj. *clumsy.*
injure, f. *insult.*
injurier, v. a. *to insult.*
innocence, f. *innocence.*
inonder, v. a. *to flood, stream down.*
insinuer, v. a. *to insinuate.*
insistance, f. *pressure, persistency.*
insister, v. n. *to insist.*
insomnie, f. *inability to sleep, sleeplessness.*
insouciant, adj. *heedless.*
inspiration, f. *inspiration.*
inspirer, v. a. *to inspire.*
instamment, adv. *urgently.*
instances, f. pl. *entreaties.*

instruction, f. *instruction, teaching.*
instruire, v. a. *to conduct (a trial).*
instruit, p. p. *informed.*
insu (à l'— de), *unknown (to).*
insulter, v. a. *to insult.*
intact, adj. *unimpaired.*
intelligence, f. *intelligence.*
intention, f. *intention, purpose.*
interdire, v. a. *interdict.*
intérêt, m. *interest.*
intérieur, adj. *internal.*
intermédiaire, m. *medium.*
interposer, v. a. *to interpose.*
interrègne, m. *interregnum.*
interrogatoire, m. *examination.*
interroger, v. a. *to question.*
interrompre, v. a. *to interrupt.*
intimider, v. a. *to intimidate, ward off.*
intrépide, adj. *intrepid.*
intrépidité, f. *courage.*
introduire, v. a. *to introduce.*
inutile, adj. *useless.*
involontaire, adj. *involuntary, spontaneous.*
invulnérable, adj. *invulnerable.*
irai, fut. of aller.
ironie, f. *irony, mockery.*
irruption, f. *attack, rush.*
ivre, adj. *drunk, frantic.*
ivresse, f. *transport, frantic joy.*

jadis, adv. *formerly, of old.*
jalousie, f. *jealousy.*
jaloux, adj. *jealous.*
jamais, adv. *ever;* (with ne) *never.*
jambe, f. *leg.*
jardin, m. *garden.*
jeter, v. a. *to throw, cast.*
jeu, m. *game.*
jeune, adj. *young.*
jeûne, m. *fasting.*
jeûner, v. n. *to fast.*
joie, f. *joy.*
joindre, v. a. *to join, unite.*
joli, adj. *pretty.*
joncher, v. a. *to strew.*
jouer, v. a. *to play, act.*
jouir (de), v. n. *to enjoy.*

jour, m. *day;* tous les jours, *every day.*
journée, f. *day's toil.*
juge, m. *judge.*
jugement, m. *judgment.*
juger, v. a. *to judge, deem.*
jurer, v. a. *to swear, take an oath.*
jusque (à), prep. *as far (as).*
justice, f. *justice;* en —, *before court.*
justifier, v. a. *to justify.*

là, adv. *there.*
labourer, v. a. *to till (the ground).*
laboureur, m. *husbandman, labourer.*
lâchement, adv. *basely.*
lâcheté, f. *cowardice, baseness.*
laine, f. *wool.*
laïque, adj. *lay.*
laisser, v. a. *to leave.*
laiton, m. *brass.*
lamenter (se), v. r. *to bewail, mourn.*
lance, f. *lance.*
lancer, v. a. *to urge on, spur.*
langue, f. *tongue.*
langueur, f. *languor.*
languir, v. n. *to languish.*
large, adj. *wide, broad.*
largeur, f. *width, breadth.*
larme, f. *tear.*
lassé, p. p. *weary, tired.*
lassitude, f. *weariness.*
légalité, f. *law, lawfulness.*
léger (-ère), adj. *light, frivolous.*
légèrement, adv. *lightly.*
légiste, m. *lawyer.*
légitime, adj. *legitimate.*
légitimité, f. *legality.*
lendemain, m. *morrow.*
lequel (laquelle), pron. *which.*
lésion, f. *wound, injury.*
leste, adj. *nimble, active.*
lettre, f. *letter.*
lever, v. a. *to raise;* se —, *to get up, rise.*
lèvre, f. *lip.*
libérateur, m. (-trice, f.), *saviour.*
libre, adj. *free.*

lier, v. a. *to bind.*
lieu, m. *place.*
lieutenant, m. *lieutenant.*
limbes, m. pl. *regions, limbo.*
linteau, m. *lintel.*
lion, m. *lion.*
lire, v. a. *to read.*
lis, m. *lily.*
lisière, f. *edge, outskirt.*
lit, m. *bed.*
livrer, v. a. *to deliver;* — bataille, *to give battle.*
loger, v. a. *to lodge.*
logis, m. *quarters, lodgment.*
loi, f. *law.*
loin, adv. *far.*
lointain, m. *distance, back-ground;* adj. *distant, remote.*
loisible, adj. *optional, possible.*
loisir, m. *leisure.*
long (-gue), adj. *long.*
longtemps, adv. *long.*
loyal, adj. *loyal.*
loyauté, f. *loyalty.*
luire, v. n. *to shine.*
lumière, f. *light.*
lutter, v. n. *to contend, struggle.*

magicien, m. *charmer, sorcerer.*
magie, f. *charm, spell.*
mai, m. *May.*
main, f. *hand.*
maintenir, v. a. *to maintain, keep.*
mais, conj. *but.*
maison, f. *house;* à la —, *at home.*
maître, m. *master.*
maîtresse, f. *mistress.*
mal (pl. maux), m. *harm, injury.*
malade, adj. *ill.*
maladie, f. *illness, infirmity, sickness.*
mâle, m. *male;* adj. *masculine.*
malgré, prep. *notwithstanding, in spite of.*
malheur, m. *misfortune.*
malheureux, adj. *unfortunate.*
Manche (la), f. *the English Channel.*
mander, v. a. *to send word, inform.*
manger, v. a. *to eat.*

manier, v. a. *to handle, guide.*
manière, f. *manner;* en — de, *by way of.*
manifester, v. a. *to display, show forth.*
manœuvres, f. pl. *manœuvres.*
mansuétude, f. *mansuetude, gentleness.*
marais, m. *marsh.*
marchandage, m. *barter.*
marchander, v. a. *to bargain for, barter.*
marcher, v. n. *to advance, march.*
maréchal, m. *marshal.*
mari, m. *husband.*
marier, v. a. *to marry.*
marquer, v. a. *to mark out, stamp.*
marraine, f. *godmother.*
martyr, m. *martyr.*
martyre, m. *martyrdom.*
masse, f. *crowd, mass.*
massier, m. *mace-bearer.*
matériel, adj. *bodily, material.*
matière, f. *matter.*
matin, m. *morning, early life.*
matrone, f. *matron.*
mauvais, adj. *evil, bad.*
méchant, adj. *wicked, naughty.*
méditer, v. n. *to meditate.*
meilleur, adj. (comp. of bon), *better.*
mélancolie, f. *melancholy.*
mélancolique, adj. *dismal, melancholy.*
mêlée, f. *fight, fray.*
mêler, v. a. *to mingle, mix.*
membre, m. *member, limb.*
même, adv. *even;* de —, *likewise;* adj. *same,* (after subst.) *himself, herself,* etc.
mémoire, f. *memory.*
menace, f. *threat.*
menacer, v. a. *to threaten.*
ménage, m. *household, housekeeping.*
mendiant, m. *beggar, mendicant.*
mener, v. a. *to lead, guide.*
mensonge, m. *lie, falsehood.*
mentir, v. n. *to lie.*
mépriser, v. a. *to despise.*
mer, f. *sea.*

merci, f. *mercy, pardon.*
mère, f. *mother.*
merveille, f. *wonder, marvel.*
merveilleux, adj. *marvellous.*
message, m. *message, errand.*
messager, m. *messenger.*
métier, m. *trade, occupation.*
mettre (mettant, mis, mets, mis), v. a. *to put, place.*
meurtre, m. *murder.*
miasme, m. *(pestilential) miasm, infection.*
midi, m. *noon, mid-day.*
mie, f. for amie, *friend.*
mieux, adv. (comp. of bien), *better.*
milieu, m. *middle;* au —, *in the midst.*
millier, m. *thousand.*
ministère, m. *office.*
miraculeux, adj. *miraculous.*
miséricordieux, adj. *merciful.*
mission, f. *calling, vocation, mission.*
mobile, m. *motive, cause.*
mobilité, f. *fickleness.*
modeste, adj. *modest.*
modestement, adv. *modestly.*
modestie, f. *modesty.*
mœurs, f. pl. *manners, morals, habits.*
moindre, adj. (comp. of petit) *less.*
moine, m. *monk.*
moins, adv. (comp. of peu) *less;* du —, au —, *at least.*
mois, m. *month.*
moitié, f. *half.*
mollesse, f. *faintheartedness, effeminacy.*
moment, m. *moment.*
monarchie, f. *monarchy.*
monde, m. *world;* tout le —, *everyone.*
monseigneur, m. *my lord.*
monstre, m. *monster.*
montagne, f. *mountain.*
montée, f. *ascent.*
monter, v. a. *to mount, ride.*
monticule, m. *hillock.*
montrer, v. a. *to show, display.*
moral, adj. *moral.*

mort, m. *dead (man);* f. *death*
mortel, adj. *mortal.*
mot, m. *word.*
mourir (mourant, mort, meurs, . mourus, mourrai), v. n. *to die.*
mouton, m. *sheep.*
mouvement, m. *motion.*
moyen, adj. *mean;* — âge, *middle ages.*
multitude, f. *multitude, crowd.*
mur, m. *wall.*
mutiler, v. a. *to mutilate.*
mutuel, adj. *mutual.*
mystères, m. pl. *mysteries (of the faith).*

nage (à la), *swimming.*
naïf, adj. *artless, ingenuous, honest.*
naissance, f. *birth.*
naître (naissant, né, nais, naquis), v. n. *to be born, spring up.*
naïveté, f. *artlessness, simplicity.*
nature, f. *nature.*
naturel, adj. *natural.*
né, p. p. of naître.
néanmoins, adv. *nevertheless.*
nécessaire, adj. *necessary.*
négliger, v. a. *to neglect.*
négociation, f. *negotiation.*
négocier, v. a. *to negotiate.*
net, adj. *spotless.*
ni...ni, conj. *neither...nor.*
nièce, f. *niece.*
noble, adj. *noble.*
noblesse, f. *nobility, nobleness.*
noir, adj. *black, dark.*
nom, m. *name.*
nombre, m. *number.*
nombreux, adj. *numerous.*
nommer, v. a. *to name.*
nord, m. *north.*
noter, v. a. *to note down.*
nourrir, v. a. *to feed.*
nourriture, f. *food.*
nouveau (nouvelle), adj. *new;* de —, *afresh, anew.*
nouvelle, f. *news.*
nouvelliste, m. *historian, narrator.*

noyer, v. a. *to drown.*
nu, adj. *bare, naked.*
nue, f. *cloud;* pl. *skies, heavens.*
nuée, f. *cloud, multitude.*
nuit, f. *night.*
nul (nulle), adj. *no, not any.*

obéir, v. n. *to obey.*
obéissant, adj. *obedient.*
objet, m. *object.*
obliger, v. a. *to oblige, compel.*
obscur, adj. *obscure, unknown to fame.*
obscurité, f. *obscurity.*
obséder, v. a. *to beset, possess.*
observer, v. a. *to observe.*
obsession, f. *persecution.*
obstination, f. *obstinacy.*
obstiné, adj. *stubborn.*
obstinément, adv. *persistently, obstinately.*
obstiner (s'), v. r. *to persist in, cling to.*
obtenir, v. a. *to obtain.*
occuper (s') de, v. r. *to attend to, busy oneself about.*
occurrence, f. *emergency.*
octroyer, v. a. *to grant.*
odieux, adj. *hateful;* s. m. *odious task.*
œil (pl. yeux), m. *eye.*
œuvre, m. *work.*
offense, f. *offence, transgression.*
offenser, v. a. *to offend;* s'— de, *to take umbrage at.*
offrir, v. a. *to offer.*
oiseau, m. *bird.*
oisif, adj. *idle.*
oisiveté, f. *idleness.*
olive, f. *olive.*
ombrage, m. *umbrage, spite.*
ombre, f. *shade, shadow.*
on, pron. *people, one.*
oncle, m. *uncle.*
opéré, p. p. *wrought.*
opposer, v. a. *to oppose.*
or, m. *gold.*
oracle, m. *oracle, prophecy.*
oraison, f. *prayer.*
oratoire, m. *oratory.*

ordonner, v. a. *to order, enjoin, bid, command.*
ordre, m. *order, command.*
oreille, f. *ear.*
organe, m. *means, organ.*
oriflamme, m. *war-standard.*
orthodoxie, f. *orthodoxy.*
oser, v. n. *to dare.*
ossements, m. pl. *bones.*
ôter, v. a. *to take off, deprive.*
ou, conj. *or, either.*
où, adv. *where, wherein, in which.*
oublier, v. a. *to forget.*
outrage, m. *outrage, foul deed.*
ouvrage, m. *work, business.*
ouvrir, v. a. *to open.*

page, m. *page (boy).*
pain, m. *bread.*
paix, f. *peace.*
palais, m. *palace.*
pâle, adj. *pale, wan.*
palissage, m. *palings, stockade.*
palladium, m. *safeguard.*
panique, f. *panic.*
panser, v. a. *to dress (a wound), tend, groom (a horse).*
pape, m. *pope.*
par, prep. *by, through.*
paradis, m. *paradise.*
paraître, v. n. *to appear, seem.*
parce que, conj. *because.*
pardon, m. *pardon, forgiveness.*
pardonner, v. a. *to pardon.*
pareil, adj. *like, such a.*
parenté, f. *kinship.*
parents, m. pl. *parents, relatives.*
parlement, m. *parliament.*
parler, v. n. *to speak.*
parmi, prep. *among.*
paroisse, f. *parish.*
parole, f. *speech, oratory, word, promise.*
parrain, m. *godfather.*
part, f. *part, side.*
partager, v. a. *to share, participate in.*
parti, m. *resolution, course; party, faction.*
particulier, adj. *particular.*

partie, f. *portion, part.*
partir, v. n. *to set out.*
partout, adv. *everywhere.*
pas, m. *step, measure.*
pas (ne), adv. *not.*
passer, v. a. *to pass, spend.*
passe-temps, m. *pastime.*
passion, f. *fervour.*
passionné, adj. *enamoured.*
passionner (se), v. r. *to become enamoured.*
paternel, adj. *paternal.*
pathétique, adj. *pathetic.*
patience, f. *patience.*
patrie, f. *country.*
patriotisme, m. *patriotism.*
pauvre, adj. *poor.*
pavé, m. *pavement, paving-stone.*
pays, m. *country.*
paysan (-anne), *peasant.*
péché, m. *sin.*
pécher, v. n. *to sin.*
peindre, v. a. *to paint, depict.*
peine, f. *pain, trouble; à —, hardly, scarcely.*
pèlerin, m. *pilgrim.*
pèlerinage, m. *pilgrimage.*
penchant, m. *slope.*
pendant, prep. *during; — que, whilst.*
pendre, v. a. *to hang.*
pénétrer, v. n. *to penetrate.*
pénible, adj. *painful.*
pénitence, f. *penance.*
pensée, f. *thought.*
penser, v. n. *to think.*
perdre, v. a. *to lose.*
père, m. *father.*
perfidie, f. *perfidy.*
péril, m. *danger, peril.*
périr, v. n. *to perish.*
personne, f. *person; — (ne),* m. *no one.*
personnel, adj. *personal.*
persuader, v. n. *to persuade.*
perte, f. *loss.*
pervers, adj. *perverse.*
pervertir, v. a. *to pervert.*
pétillement, m. *crackling.*
petit, adj. *small, little.*

peu, adv. *little, few;* **un —,** *a small quantity.*
peuple, m. *people.*
peur, f. *fear;* **de — de,** *through fear of.*
peut-être, adv. *perhaps.*
phénomène, m. *marvel.*
physionomie, f. *countenance.*
pied, m. *foot;* **à —,** *on foot.*
piège, m. *snare.*
pierre, f. *stone.*
piété, f. *piety.*
pieux, adj. *pious.*
pilier, m. *pillar.*
pitié, f. *pity.*
pitoyable, adj. *compassionate.*
pitoyablement, adv. *piteously.*
place, f. *place, open space;* **à la —,** *instead.*
plaie, f. *wound; woes.*
plaindre (plaignant, plaint, plains, plaignis), v. a. *to pity.*
plaine, f. *plain.*
plainte, f. *complaint, lamentation.*
plaire, v. n. *to please;* **se —,** *to delight.*
plaisance, f. *pleasantness.*
plaisir, m. *pleasure.*
plat, adj. *flat.*
plâtre, m. *plaster.*
plein, adj. *full;* **— air,** *open air.*
pleurer, v. n. *to weep.*
pleurs, m. pl. *tears.*
pli, m. *fold.*
plonger, v. a. *to plunge, dive;* **— du regard,** *to cast a retrospect.*
plume, f. *pen.*
plus, adv. *more;* **ne —,** *no more, no longer;* **de —,** *moreover.*
plusieurs, adj. *several.*
plutôt, adv. *rather.*
poëme, m. *poem.*
poésie, f. *poetry.*
poids, m. *weight.*
poignée, f. *handful.*
point, m. *point;* **ne —,** adv. *not at all.*
poitrine, f. *breast.*
politique, m. *politician;* f. *policy.*

pont, m. *bridge.*
pont-levis, m. *drawbridge.*
populaire, adj. *popular.*
popularité, f. *popularity.*
port, m. *harbour.*
porte, f. *door, gate.*
porter, v. a. *to bear; impel;* se —,
to be; to betake oneself, go.
posséder, v. a. *to possess.*
possession, f. *possession.*
possible, adj. *possible.*
poteau, m. *post, stake.*
poulain, m. *colt.*
pour, prep. *for, in order to.*
pourquoi, adv. *why.*
poursuivre, v. a. *to pursue.*
pourtant, *for all that, yet, however.*
pousser, v. a. *to push, urge on.*
poutre, f. *beam.*
pouvoir, m. *power.*
pouvoir (pouvant, pu, peux, pus,
pourrai), v. n. *can, may, be able.*
préalablement, adv. *previously.*
préau, m. *meadow.*
prêcher, v. n. *to preach.*
précieux, adj. *precious.*
précipiter, v. a. *to throw down;*
se —, v. r. *to rush.*
prédicateur, m. *preacher.*
prédication, f. *sermon, preaching.*
prédilection, f. *partiality;* de —,
favourite.
prédire, v. a. *to predict.*
préférer, v. a. *to prefer.*
préliminaires, m. pl. *preliminaries.*
prélude, m. *forerunner, prelude.*
premier, adj. *first.*
prendre, v. a. *to take.*
préoccuper (de), v. a. *prepossess
(with).*
préparatif, m. *preparation.*
près (de), prep. *near, on the point of.*
présage, m. *omen.*
présager, v. a. *to forebode.*
prescience, f. *foreknowledge.*
présent, adj. *present.*
présenter, v. a. *to present.*
présomption, f. *presumption.*
presque, adv. *almost;* ne — plus,
hardly any longer.

pressé, p. p. *eager.*
pressentiment, m. *foreboding.*
pressentir, v. a. *to foresee.*
presser (se), v. r. *to throng.*
pression, f. *pressure.*
prestige, m. *spell, prestige.*
prêt, adj. *ready.*
prétendant, m. *suitor, claimant.*
prétendre, v. n. *to pretend.*
prêter, v. a. *to lend.*
prétexte, m. *pretext.*
prêtre, m. *priest.*
prêtresse, f. *priestess.*
preuve, f. *proof.*
prévaudrai, fut. of prévaloir, v. n.
to prevail.
prévenir, v. a. *to prevent.*
prier, v. a. *to pray.*
prière, f. *prayer.*
prince, m. *prince.*
princesse, f. *princess.*
principal, adj. *principal, chief.*
principe, m. *principle.*
pris, p. p. of prendre.
prisonnier, m. *prisoner.*
priver, v. a. *to deprive.*
prix, m. *price, value.*
procéder, v. n. *to proceed.*
procès, m. *trial;* procès-verbal,
proceedings.
prochain, adj. *next, near at
hand.*
proclamer, v. a. *to proclaim.*
prodige, m. *miracle, prodigy.*
produire, v. a. *to produce.*
profanateur, m. *profaner.*
proférer, v. a. *to utter.*
profiter, v. n. *to profit, bring advantage.*
prolonger, v. a. *to prolong, extend,
protract.*
promesse, f. *promise.*
promettre, v. a. *to promise.*
prononcer, v. a. *to pass sentence.*
prophète, m. *prophet.*
prophétesse, f. *prophetess.*
prophétie, f. *prophecy.*
prophétiser, v. a. *to prophesy.*
propos, m. *words, language.*
proposer, v. a. *to propose.*

propre, adj. *own, fit, suitable.*
protecteur (-trice), adj. *protecting.*
protéger, v. a. *to protect.*
province, f. *province.*
prudemment, adv. *prudently.*
pu (p. p. of pouvoir), *been able.*
pucelle, f. *maid.*
pudique, adj. *modest, chaste.*
puis, adv. *then, afterwards.*
puiser, v. a. *to draw (water).*
puisque, conj. *since.*
puissance, f. *power.*
puissant, adj. *powerful.*
puisse, subj. pres. of pouvoir.
punir, v. a. *to punish.*
purger, v. a. *to purify.*

qualité, f. *quality.*
quand, conj. *when.*
quant (à), *with regard (to), as for.*
que, *that;* que! *how!;* que de, *how many;* que de fois, *how often;* ne...que, *only, but;* que ne puis-je, *why can I not = would that I could.*
quelque, *some;* —chose, *something;* quelque (with adj.), *however.*
quelquefois, adv. *sometimes.*
quelques-uns, *some.*
quenouille, f. *distaff.*
quereller, v. a. *to quarrel with, scold.*
quête, f. *collection.*
quitter, v. a. *leave, quit.*
quoi, *what;* de —, *wherewith.*
quoique, conj. *although.*

race, f. *race, family.*
racheter, v. a. *to redeem, ransom.*
raconter, v. a. *to tell, narrate.*
railler, v. a. *to twit, rally.*
raillerie, f. *mockery.*
raison, f. *judgment, reason;* avoir —, *to be right.*
rallier, v. a. *to rally.*
ramasser, v. a. *to pick up.*
ramener, v. a. *to bring back.*
rançon, f. *ransom, pay.*

rapidement, adv. *rapidly.*
rappeler, v. a. *to recall;* se —, *to remember.*
rapporter, v. a. *to bring back.*
rassasier, v. a. *to satiate.*
rassembler, v. a. *to gather together.*
rassurer (se), v. r. *to comfort oneself.*
rattacher (se), v. r. *to cling.*
ravi, p. p. *enraptured.*
ravitailler, v. a. *to provide again with food, revictual.*
rayon, m. *(sun's) ray.*
rayonnement, m. *radiancy.*
réaliser, v. a. *to realise.*
rebelle, adj. *rebellious, rebel.*
récemment, adv. *recently.*
réception, f. *reception.*
recevoir, v. a. *to receive.*
rechute, f. *relapse.*
récidive, f. *second offence, relapse.*
réciproque, adj. *reciprocal, mutual.*
récit, m. *tale.*
réciter, v. a. *to repeat.*
réclamer, v. a. *to claim, demand.*
recommander, v. a. *to recommend.*
réconcilier, v. a. *to reconcile.*
réconforter (se) de, v. r. *to enjoy.*
reconnaissance, f. *gratitude.*
reconnaître, v. a. *to recognise, perceive.*
reconquérir, v. a. *to recover, win back.*
reconsoler (se), v. r. *to comfort oneself.*
recouvrer, v. a. *to recover.*
récrimination, f. *recrimination.*
recruter, v. a. *to recruit.*
recueillement, m. *composure.*
recueilli, adj. *sober.*
recueillir, v. a. *to gather up, receive.*
redoublement, m. *increase, reduplication.*
redoubler, v. a. *to redouble.*
redouter, v. a. *to dread.*
réduit, m. *inner-fort.*
référer, v. a. *to refer.*
refermer (se), v. r. *to close again.*
réfléchir, v. n. *to reflect.*

réformer, v. a. *to reform.*
refouler, v. a. *to thrust back.*
refuser, v. a. *to refuse;* se — à, *to object to.*
regard, m. *look, glance.*
régent, m. *regent.*
regret (à), *(with) regret.*
reine, f. *queen.*
réitérer, v. a. *to repeat, renew.*
réjoui, p. p. *pleased, delighted, gladdened.*
relation, f. *intercourse.*
relever, v. a. *to raise up again; to derive authority.*
religieux, adj. *religious.*
religion, f. *religion, worship.*
relique, f. *relic.*
remarquer, v. a. *to observe.*
remède, m. *remedy.*
remercier, v. a. *to thank.*
remettre, v. a. *to place, give up.*
remontrer, v. a. *to teach.*
rempart, m. *rampart.*
remplir, v. a. *to fill up.*
remporter, v. a. *to gain, carry back.*
remuer, v. a. *to stir, move, agitate.*
rencontrer, v. a. *to meet.*
rendre, v. a. *to render, give forth; deliver, give back;* se —, *to yield, go.*
renfermer, v. a. *to shut in.*
renforcer, v. a. *to reinforce.*
renfort, m. *reinforcement.*
renier, v. a. *to abjure, disown.*
renommée, f. *renown.*
renoncer, v. n. *to renounce.*
rente, f. *pension.*
rentrer, v. n. *to enter again.*
renverser, v. a. *to overturn;* se —, *to fall back.*
renvoyer, v. a. *to send back.*
repaître (se), v. r. *to feed, feast.*
répandre, v. a. *to spill, shed;* se —, *to spread.*
repentir (se), v. r. *to repent.*
répéter, v. a. *to repeat.*
replier (se), v. r. *to fall back.*
réplique, f. *reply.*
répondre, v. a. *to reply, answer.*

réponse, f. *answer.*
reposer (se), v. r. *to rest.*
repousser, v. a. *to repel, repulse.*
reprendre, v. a. *to take back.*
réprimander, v. a. *to scold.*
reprise, f. *resumption.*
reproche, m. *reproach.*
répudier, v. a. *to reject, thrust back.*
répugner, v. n. *to loath.*
réputé, p. p. *deemed.*
requérir, v. a. *to require, request.*
requête, f. *request.*
réserver, v. a. *to reserve, keep, except.*
résolu (p.p. of résoudre), *resolved.*
respect, m. *respect.*
respirer, v. n. *to breathe.*
responsabilité, f. *responsibility.*
ressemblance, f. *likeness.*
ressembler, v. n. *to resemble.*
ressentiment, m. *resentment.*
ressort, m. *spring, impulse.*
ressusciter, v. a. *to call back to life.*
reste, m. *remainder.*
rester, v. n. *to stay, remain.*
restreindre, v. a. *to restrict, limit.*
rétablir, v. a. *to restore.*
retard, m. *delay.*
retenir, v. a. *to detain, hold back.*
retirer (se), v. r. *to retire, fall back, withdraw.*
retour, m. *return.*
retraite, f. *retreat.*
retranchement, m. *intrenchment.*
retremper, v. a. *to give renewed vigour.*
retrouver, v. a. *to find again.*
réunir, v. a. *to unite.*
réveil, m. *awaking.*
révéler, v. a. *to reveal.*
revendiquer, v. a. *to claim.*
revenir, v. n. *to come back.*
rêver, v. n. *to dream.*
rêverie, f. *meditation, dream.*
revers, m. *reverse, sloping bank.*
revêtir, v. a. *to put on, gird on.*
revoir, v. a. *to see again.*
révolte, f. *revolt, rebellion.*

révoquer (en doute), v. a. *to call* (*in question*).
ribaude, f. *ribald woman, harlot.*
riche, adj. *rich.*
richesse, f. *wealth.*
rien, *anything, nothing;* ne —, *nothing.*
rigueur, f. *rigour, severity.*
rire, m. *laughter;* v. n. *to laugh;* se rire de, *to mock, make fun of.*
risque, m. *risk.*
rivalité, f. *rivalry.*
rive, f. *bank.*
river, v. a. *to fasten, rivet.*
robe, f. *robe, dress.*
roi, m. *king.*
rôle, m. *part, character.*
romain, adj. *Roman.*
romancier, m. *novel-writer.*
romanesque, adj. *romantic.*
rompre, v. a. *to break.*
rond, m. *circle;* adj. *round.*
rouge, adj. *red.*
rougir, v. n. *to blush.*
rouillé, p. p. *rusty.*
rouler, v. a. *to roll.*
route, f. *road;* faire —, *to travel.*
royal, adj. *royal.*
royaume, m. *kingdom.*
rude, adj. *severe, rough.*
rudesse, f. *rudeness.*
rue, f. *street.*
ruine, f. *ruin.*
rumeur, f. *rumour.*
ruse, f. *cunning, trickery.*

sacerdoce, m. *priesthood.*
sacerdotal, adj. *priestly.*
sacre, m. *consecration, coronation.*
sacré, adj. *sacred.*
sacrer, v. a. *to consecrate.*
sacrifier, v. a. *to sacrifice.*
sacrilège, m. *sacrilege.*
sage, adj. *wise.*
sagesse, f. *wisdom.*
saignant, adj. *bleeding.*
sain et sauf = *safe and sound.*
saint, adj. *holy.*
saisir, v. a. *to seize.*
salle, f. *hall.*

saluer, v. a. *to salute.*
salut, m. *salvation.*
sanctifier, v. a. *to bless.*
sanctuaires, m. pl. *holy places.*
sang, m. *blood.*
sang-froid, m. *coolness.*
sanglant, adj. *bloody.*
sans, prep. *without.*
santé, f. *health.*
sarcasme, m. *sarcasm.*
satisfaire, v. a. *to satisfy.*
saurais, condit. of savoir.
sauvegarde, f. *safeguard,*
sauver, v. a. *to save, rescue;* se —, *to escape, run away.*
savoir (sachant, su, sais, sus, saurai), v. a. *to know; to be able.*
scandale, m. *scandal, offence.*
scandaliser, v. a. *to offend.*
sceau, m. *seal.*
scélérat, m. *scoundrel.*
scène, f. *scene.*
schismatique, adj. *schismatic.*
scrupule, m. *scruple;* avec —, *scrupulously, circumspectly,*
sculpter, v. a. *to carve.*
séance, f. *sitting.*
séant, m. *seat, couch.*
sec (f. sèche), adj. *dry.*
secourir, v. a. *to succour, help.*
secours, m. *help, assistance.*
secret, adj. *secret.*
secrètement, adv. *secretly.*
séculier, adj. *secular.*
sécurité, f. *security.*
sédentaire, adj. *sedentary.*
séditieusement, adv. *seditiously.*
séduire, v. a. *to seduce, win over.*
seigneur, m. *lord.*
sein, m. *bosom, breast;* au —, *in the midst.*
séjour, m. *sojourn, stay.*
selle, f. *saddle.*
selon, prep. *according to.*
semaine, f. *week.*
semblable, adj. *similar.*
semblant, m. *semblance.*
sembler, v. n. *to seem.*
semer, v. a. *to sow, scatter, strew, proclaim.*

sens, m. *sense, perception.*
sentier, m. *path.*
sentiment, m. *opinion, sentiment.*
sentir, v. a. *to feel.*
séparer, v. a. *to sever, separate, divide.*
serment, m. *oath.*
serré, p. p. *tight fitting.*
servile, adj. *servile.*
servir, v. a. *to serve, help; —* de, *to act the part of.*
serviteur, m. *servant, attendant.*
seuil, m. *threshold.*
seul, adj. *alone;* un —, *a single one.*
seulement, adv. *only.*
sévir, v. n. *to treat rigorously, to rage.*
sexe, m. *sex.*
si, conj. *if, so.*
siècle, m. *age, century.*
siège, m. *siege.*
siéger, v. n. *to sit.*
signe, m. *sign, mark.*
sillon, m. *furrow.*
simple, adj. *simple, mere.*
simplicité, f. *simplicity.*
simuler, v. a. *to feign, make a semblance of.*
sincère, adj. *sincere.*
sincérité, f. *sincerity.*
sire, m. *Lord, Sire.*
soc, m. *ploughshare.*
soigner, v. a. *to tend, attend to.*
soin, m. *care.*
soir, m. *evening.*
sol, m. *soil.*
soldat, m. *soldier.*
soleil, m. *sun, sunshine.*
solennité, f. *solemnity.*
solliciter, v. a. *to ask.*
sommation, f. *summons.*
somme, f. *sum.*
sommeil, m. *sleep.*
sommer, v. a. *to summon, order.*
sommet, m. *summit, top.*
son, m. *sound.*
songe, m. *dream.*
songer, v. n. *to dream, think.*
sonner, v. a. *to ring.*
sonneur, m. *bell-ringer.*

sorcellerie, f. *witchcraft.*
sorcière, f. *sorceress.*
sort, m. *fate, lot.*
sorte, f. *kind, species.*
sortie, f. *sally.*
sortilège, m. *sorcery, witchcraft.*
sortir, v. n. *to go out.*
souci, m. *anxiety.*
souffle, m. *inspiration.*
souffler, v. a. *to blow, prompt.*
souffleter, v. a. *to slap.*
souffrir, v. a. *to suffer.*
souiller, v. a. *to sully.*
soulagement, m. *relief.*
soulager, v. a. *to relieve.*
soulever, v. a. *to raise.*
soumettre, v. a. *to subject, submit.*
soupçon, m. *suspicion.*
soupir, m. *sigh.*
source, f. *spring, source.*
sourd, adj. *deaf.*
sourire, v. n. *to smile.*
sous, prep. *under.*
soustraire, v. a. *to remove, screen.*
soutenir, v. a. *to support, help.*
souvenir (se) de, v. r. *to remember.*
souvent, adv. *often.*
souverain, m. *sovereign.*
statue, f. *statue.*
subir, v. a. *to undergo.*
subjuguer, v. a. *to subdue.*
subside, m. *subsidy.*
subterfuge, m. *subterfuge, evasion.*
succéder, v. n. *to succeed, follow.*
succomber, v. n. *to fall, perish, yield.*
suffire, v. n. *to suffice.*
suicide, m. *suicide.*
suite, f. *retinue, train.*
suivre, v. a. *to follow.*
sujet, m. *subject.*
superstitieux, adj. *superstitious.*
supplice, m. *death, punishment.*
supplier, v. a. *to supplicate, implore.*
sur, prep. *on, upon.*
sûr, adj. *safe, sure.*
sûreté, f. *safety, security.*
surnaturel, adj. *supernatural.*
surnom, m. *surname.*

surprendre, v. a. *to surprise, catch.*
surprises, f. pl. *unguarded disclosures.*
sursaut, m. *start;* en —, *with a start.*
surtout, adv. *especially, above all.*
surveiller, v. a. *to watch over, guard.*
survivre, v. n. *to survive.*
susciter, v. a. *to call forth.*
suspect, adj. *suspicious.*
suspendre, v. a. *to hang.*
sibylle, f. *sibyl.*

tabellion, m. *scribe.*
tableau, m. *picture, painting.*
tache, f. *stain.*
tacite, adj. *tacit, silent.*
taire, v. a. *to keep silent;* se —, v. r. *to remain silent.*
tant (de), adv. *so much, so many.*
tantôt, adv. *presently;* tantôt... tantôt, *at one time...at another.*
tard, adv. *late.*
teindre, v. a. *to dye.*
teint, m. *complexion.*
tel, adj. *such.*
tellement, adv. *so much.*
témérité, f. *rashness.*
témoignage, m. *testimony.*
témoigner, v. a. *to testify.*
témoin, m. *witness.*
tempête, f. *tempest.*
temps, m. *time.*
tendre, v. a. *to stretch.*
tendre, adj. *tender, fond.*
tendrement, adv. *tenderly.*
tendresse, f. *tenderness.*
ténèbres, f. pl. *darkness.*
ténébreux, adj. *obscure, dark.*
tenir, v. a. *to hold;* se —, *to remain.*
tension, f. *stretch.*
tentateur, adj. *tempting, beguiling.*
tentative, f. *attempt.*
tenter, v. a. *to attempt, try; tempt.*
terme, m. *term; word.*
ternir, v. a. *to tarnish.*
terre, f. *earth, land, ground;* prendre —, *to alight.*
tête, f. *head;* en —, *at the head.*

timide, adj. *timid.*
tirer, v. a. *to draw.*
tolérance, f. *tolerance.*
tombeau, m. *tomb.*
tomber, v. n. *to fall.*
torrent, m. *torrent.*
tort, m. *wrong;* avoir —, *to be wrong.*
torture, f. *torture.*
torturer, v. a. *to torture, torment.*
touchant, adj. *touching, impressive.*
toucher, v. a. *to touch.*
toujours, adv. *always.*
tour, f. *tower.*
tourbillonner, v. n. *to circle round.*
tourner, v. a. *to turn.*
tout, adj. *all, every; everything;* tout en (with partic. pres.), *while.*
toutefois, adv. *nevertheless.*
tracer, v. a. *to trace.*
tradition, f. *tradition.*
trafic, m. *trade.*
trahir, v. a. *to betray, reveal.*
trahison, f. *treason.*
traîner, v. a. *to drag, draw.*
trait, m. *feature; shaft, arrow.*
traiter, v. a. *to treat, make a treaty.*
trancher, v. a. *to cut off, cut short.*
tranquille, adj. *quiet.*
transpirer, v. n. *to transpire, shine forth.*
transporter, v. a. *to remove.*
transversalement, adv. *crosswise.*
travail, m. *work, labour.*
travailler, v. n. *to work, exercise, trouble.*
travers (à), prep. *across.*
traverser, v. a. *to cross.*
trembler, v. n. *to tremble.*
tremper, v. a. *to moisten.*
trésor, m. *treasure.*
tresser, v. a. *to weave, plait.*
trève, f. *truce.*
tribun, m. *political agitator.*
tribune, f. *platform.*
triomphalement, adv. *triumphantly.*
triomphe, m. *triumph.*

triompher, v. n. *to triumph.*
triste, adj. *sad.*
tristesse, f. *sadness.*
tromper, v. a. *to deceive.*
trompette, m. *trumpeter;* f. *trumpet.*
tronçon, m. *fragment.*
trône, m. *throne.*
trop, adv. *too much.*
trophée, m. *trophy.*
troubler, v. a. *to disturb, trouble.*
troupe, f. *troop.*
troupeau, m. *flock.*
trouver, v. a. *to find.*
tuer, v. a. *to kill.*
tumultueux, adj. *tumultuous.*
tutélaire, adj. *guardian, tutelary, protecting.*

unanime, adj. *unanimous.*
union, f. *union.*
unir, v. a. *to unite, join.*
université, f. *university.*
uns (les), *some.*
usage, m. *use.*
user, v. a. *to wear out.*
usurpateur, m. *usurper.*
utile, adj. *useful.*

vache, f. *cow.*
vaillamment, adj. *courageously.*
vain, adj. *vain.*
vaincre, v. a. *to conquer, overcome.*
vainqueur, m. *conqueror.*
valoir (valant, valu, vaux, valus, vaudrai), v. n. *to be worth.*
vassal, m. *vassal, dependent.*
veille, f. *eve, evening before, vigil.*
veiller, v. a. *to watch over, nurse.*
veine, f. *vein.*
vénérer, v. a. *to worship, revere.*
vengeance, f. *vengeance, revenge.*
venger, v. a. *to avenge.*
venir (venant, venu, viens, vins, viendrai), v. n. *to come;* — de, *to have just.*
vent, m. *wind;* à tout —, *broadcast.*
venue, f. *arrival, coming.*
verger, m. *orchard.*

véritable, adj. *true.*
vérité, f. *truth, truthfulness, sincerity.*
vers, prep. *towards, about.*
versatilité, f. *fickleness.*
vertige, m. *hallucination.*
vertu, f. *virtue.*
vertueux, adj. *virtuous.*
vêtement, m. *clothing, garment.*
vêtir (vêtant, vêtu, vêts, vêtis), v. a. *to clothe.*
vicaire, m. *delegate, vicar.*
victime, f. *victim.*
victoire, f. *victory.*
victorieux, adj. *victorious.*
vide, adj. *void, empty.*
vierge, f. *maiden, virgin.*
vieux (f. vieille), adj. *old.*
vif, adj. *alive.*
vil, adj. *vile.*
vilainement, adv. *vilely.*
village, m. *village.*
ville, f. *town.*
violer, v. a. *to break into, violate.*
virginité, f. *maidenhood.*
visage, m. *countenance.*
visiblement, adv. *manifestly, conspicuously.*
visite, f. *visit.*
visiter, v. a. *to visit, inspect.*
vite, adj. *quick;* au plus —, *as quickly as possible.*
vivre (vivant, vécu, vis, vécus), v. n. *to live, dwell.*
vivres, m. pl. *provisions.*
vocifération, f. *cry, shout.*
vœu, m. *wish, prayer.*
voici, prep. *here is (are).*
voie, f. *way, mode.*
voilà, prep. *there is (are).*
voir (voyant, vu, vois, vis, verrai), v. a. *to see.*
voisin, m. *neighbour;* adj. *near to.*
voisinage, m. *neighbourhood.*
voix, f. *voice, sound.*
volonté, f. *will.*
voltiger, v. n. *to hover, flutter.*
vouloir (voulant, voulu, veux, voulus, voudrai), v. n. *to be willing.*

voyage, m. *journey.*
vrai, adj. *true.*
vraiment, adv. *truly.*
vraisemblable, adj. *probable.*
vraisemblance, f. *likelihood, probability.*
vu, p.p. of **voir**; prep. *considering.*

vue, f. *sight.*

y, adv. *there; to it.*
yeux (pl. of **œil**), *eyes.*

zélé, adj. *zealous.*

CAMBRIDGE: PRINTED BY C. J. CLAY, M.A. & SON, AT THE UNIVERSITY PRESS.

THE PITT PRESS SERIES.

NEW VOLUMES AND NEW EDITIONS.

Sophocles. — Oedipus Tyrannus. School Edition, with Introduction and Commentary by R. C. JEBB, Litt.D., LL.D., Professor of Greek in the University of Glasgow. 4s. 6d.

Plutarch's Lives of the Gracchi. With Introduction, Notes and Lexicon by Rev. H. A. HOLDEN, M.A., LL.D., late Fellow of Trinity College, Cambridge. 6s.

The Anabasis of Xenophon. Book II. With Introduction, Map and English Notes, by A. PRETOR, M.A., Fellow of St Catharine's College, Cambridge. 2s. 6d.

P. Vergili Maronis Georgicon Libri I. II. Edited with Notes by A. SIDGWICK, M.A., Tutor of Corpus Christi College, Oxford. 2s.

Gai Iuli Caesaris de Bello Gallico Comment. VI. With Map and Notes by A. G. PESKETT, M.A., Fellow of Magdalene College, Cambridge. 1s. 6d.

M. T. Ciceronis de Amicitia. Edited by J. S. REID, Litt.D., Fellow and Tutor of Gonville and Caius College. Revised. 3s. 6d.

M. T. Ciceronis de Senectute. By the same Editor. 3s. 6d.

Lettres sur l'histoire de France (XIII—XXIV). Par AUGUSTIN THIERRY. By GUSTAVE MASSON, B.A. and G. W. PROTHERO, M.A. 2s. 6d.

Goethe's Hermann and Dorothea. By W. WAGNER, Ph.D. Revised edition by J. W. CARTMELL. 3s. 6d.

Theory and Practice of Teaching. By the Rev. E. THRING, M.A., Head Master of Uppingham School. New edition. 4s. 6d.

Other Volumes in preparation.

London: C. J. CLAY AND SON,
CAMBRIDGE UNIVERSITY PRESS WAREHOUSE,
AVE MARIA LANE.

SOME PUBLICATIONS OF

THE CAMBRIDGE UNIVERSITY PRESS.

THE PITT PRESS SERIES.

ADAPTED TO THE USE OF STUDENTS PREPARING
FOR THE
UNIVERSITY LOCAL EXAMINATIONS,
AND THE HIGHER CLASSES OF SCHOOLS.

I. GREEK.

Sophocles.—Oedipus Tyrannus. School Edition, with Introduction and Commentary by R. C. JEBB, Litt.D., LL.D. Professor of Greek in the University of Glasgow. .4s. 6d.

The Anabasis of Xenophon. With Introduction, Map and
English Notes, by A. PRETOR, M.A. Two vols. *Price 7s. 6d.*
—— **Books I. III. IV. and V.** By the same Editor. *Price
2s.* each. **Books II. VI. and VII.** *Price 2s. 6d.* each.

Luciani Somnium Charon Piscator et De Luctu. By W. E.
HEITLAND, M.A., Fellow of St John's College, Cambridge.
Price 3s. 6d.

Agesilaus of Xenophon. By H. HAILSTONE, M.A., late
Scholar of Peterhouse, Cambridge. *Price 2s. 6d.*

Aristophanes—Ranae. By W. C. GREEN, M.A., late Assistant
Master at Rugby School. *Price 3s. 6d.*

Aristophanes—Aves. By the same. New Edition. 3s. 6d.

Aristophanes—Plutus. By the same Editor. *Price 3s. 6d.*

Euripides. Hercules Furens. With Introduction, Notes
and Analysis. By J. T. HUTCHINSON, M.A., Christ's College,
and A. GRAY, M.A., Fellow of Jesus College, Cambridge. *Price 2s.*

Euripides. Heracleidæ. With Introduction and Critical Notes
by E. A. BECK, M.A., Fellow of Trinity Hall. *Price 3s. 6d.*

Plutarch's Lives of the Gracchi. With Introduction, Notes
and Lexicon by Rev. H. A. HOLDEN, M.A., LL.D., late Fellow
of Trinity College, Cambridge. *Price 6s.*

London: Cambridge Warehouse, Ave Maria Lane.

50,000
————
7/12/85

II. LATIN.

P. Vergili Maronis Aeneidos Libri I.—XII. Edited with Notes by A. SIDGWICK, M.A., Tutor of Corpus Christi College, Oxford. *Price* 1s. 6d. each.

P. Vergili Maronis Georgicon Libri I. II. By the same Editor. *Price* 2s.

Gai Iuli Caesaris de Bello Gallico Comment. I. II. III. With Maps and Notes by A. G. PESKETT, M.A. Fellow of Magdalene College, Cambridge. *Price* 3s.

—— **Comment. IV. V., and Comment. VII.** *Price* 2s. each. **Comment. VI. and Comment. VIII.** By the same Editor. *Price* 1s. 6d. each.

Quintus Curtius. A Portion of the History (Alexander in India). By W. E. HEITLAND, M.A. and T. E. RAVEN, B.A. With Two Maps. *Price* 3s. 6d.

M. T. Ciceronis de Amicitia. Edited by J. S. REID, Litt. D., Fellow of Gonville and Caius College. Revised edition. 3s. 6d.

M. T. Ciceronis de Senectute. By the same Editor. 3s. 6d.

M. T. Ciceronis Oratio pro Archia Poeta. By the same Editor. Revised edition. *Price* 2s.

M. T. Ciceronis pro L. Cornelio Balbo Oratio. By the same Editor. *Price* 1s. 6d.

M. T. Ciceronis pro P. Cornelio Sulla Oratio. By the same Editor. *Price* 3s. 6d.

M. T. Ciceronis in Q. Caecilium Divinatio et in C. Verrem Actio. With Notes by W. E. HEITLAND, M.A., and H. COWIE, M.A., Fellows of St John's College, Cambridge. *Price* 3s.

M. T. Ciceronis in Gaium Verrem Actio Prima. With Notes by H. COWIE, M.A., Fellow of St John's Coll. *Price* 1s. 6d.

M. T. Ciceronis Oratio pro L. Murena, with English Introduction and Notes. By W. E. HEITLAND, M.A. *Price* 3s.

M. T. Ciceronis Oratio pro Tito Annio Milone, with English Notes, &c., by JOHN SMYTH PURTON, B.D. *Price* 2s. 6d.

M. T. Ciceronis pro Cn. Plancio Oratio, by H. A. HOLDEN, LL.D., late Fellow of Trinity College, Cambridge. *Price* 4s. 6d.

M. T. Ciceronis Somnium Scipionis. With Introduction and Notes. Edited by W. D. PEARMAN, M.A. *Price* 2s.

London: Cambridge Warehouse, Ave Maria Lane.

M. Annaei Lucani Pharsaliae Liber Primus, with English
Introduction and Notes by W. E. HEITLAND, M.A., and C. E.
HASKINS, M.A., Fellows of St John's Coll., Cambridge. 1*s.* 6*d.*

P. Ovidii Nasonis Fastorum Liber VI. With Notes by A.
SIDGWICK, M.A., Tutor of Corpus Christi Coll., Oxford. 1*s.* 6*d.*

Beda's Ecclesiastical History, Books III., IV. Edited, with
a life, Notes, Glossary, Onomasticon and Index, by J. E. B.
MAYOR, M.A., and J. R. LUMBY, D.D. Revised Edition. 7*s.* 6*d.*

III. FRENCH.

Jeanne D'Arc. By A. DE LAMARTINE. Edited with a Map
and Notes Historical and Philological, and a Vocabulary, by Rev.
A. C. CLAPIN, M.A., St John's College, Cambridge. 2*s.*

Le Bourgeois Gentilhomme, Comédie-Ballet en Cinq Actes.
Par J.-B. Poquelin de Molière (1670). By the same Editor. 1*s.* 6*d.*

La Picciola. By X. B. SAINTINE. The Text, with Introduction, Notes and Map. By the same Editor. *Price* 2*s.*

La Guerre. By MM. ERCKMANN-CHATRIAN. With Map,
Introduction and Commentary by the same Editor. *Price* 3*s.*

Le Directoire. (Considérations sur la Révolution Française.
Troisième et quatrième parties.) Revised and enlarged. With
Notes by G. MASSON, B.A. and G. W. PROTHERO, M.A. *Price* 2*s.*

Lazare Hoche—Par ÉMILE DE BONNECHOSE. With Three
Maps, Introduction and Commentary, by C. COLBECK, M.A. 2*s.*

Lettres sur l'histoire de France (XIII—XXIV). Par Au-
GUSTIN THIERRY. By GUSTAVE MASSON, B.A. and G. W.
PROTHERO, M.A. *Price* 2*s.* 6*d.*

Dix Années d'Exil. Livre II. Chapitres 1—8. Par MADAME
LA BARONNE DE STAËL-HOLSTEIN. By G. MASSON, B.A. and
G. W. PROTHERO, M.A. New Edition, enlarged. *Price* 2*s.*

Histoire du Siècle de Louis XIV. par Voltaire. Chaps. I.—
XIII. Edited with Notes by GUSTAVE MASSON, B.A. and G. W.
PROTHERO, M.A. *Price* 2*s.* 6*d.*

—— **Part II. Chaps. XIV.—XXIV.** By the same. With
Three Maps. *Price* 2*s.* 6*d.*

—— **Part III. Chaps. XXV. to end.** By the same. 2*s.* 6*d.*

Le Verre D'Eau. A Comedy, by SCRIBE. Edited by C.
COLBECK, M.A. *Price* 2*s.*

M. Daru, par M. C. A. SAINTE-BEUVE (Causeries du Lundi, Vol. IX.). By G. MASSON, B.A. Univ. Gallic. *Price 2s.*

La Suite du Menteur. A Comedy by P. CORNEILLE. With Notes Philological and Historical, by the same. *Price 2s.*

La Jeune Sibérienne. Le Lépreux de la Cité D'Aoste. Tales by COUNT XAVIER DE MAISTRE. By the same. *Price 2s.*

Fredégonde et Brunehaut. A Tragedy in Five Acts, by N. LEMERCIER. By GUSTAVE MASSON, B.A. *Price 2s.*

Le Vieux Célibataire. A Comedy, by COLLIN D'HARLEVILLE. With Notes, by the same. *Price 2s.*

La Métromanie, A Comedy, by PIRON, with Notes, by the same. *Price 2s.*

Lascaris ou Les Grecs du XVᴱ Siècle, Nouvelle Historique, par A. F. VILLEMAIN. By the same. *Price 2s.*

IV. GERMAN.

Hauff, Das Wirthshaus im Spessart. By A. SCHLOTTMANN, Ph.D., late Assistant Master at Uppingham School. *Price 3s. 6d.*

Die Karavane, von WILHELM HAUFF. Edited with Notes by A. SCHLOTTMANN, PH. D. *Price 3s. 6d.*

Culturgeschichtliche Novellen, von W. H. RIEHL. Edited by H. J. WOLSTENHOLME, B.A. (Lond.). *Price 4s. 6d.*

Der erste Kreuzzug (1095—1099) nach FRIEDRICH VON RAUMER. THE FIRST CRUSADE. By W. WAGNER, Ph. D. *Price 2s.*

Zopf und Schwert. Lustspiel in fünf Aufzügen von KARL GUTZKOW. By H. J. WOLSTENHOLME, B.A. (Lond.). *Price 3s. 6d.*

Uhland. Ernst, Herzog von Schwaben. With Introduction and Notes. By the same Editor. *Price 3s. 6d.*

Goethe's Knabenjahre. (1749 — 1759.) **Goethe's Boyhood.** Arranged and Annotated by W. WAGNER, Ph. D. *Price 2s.*

Goethe's Hermann and Dorothea. By W. WAGNER, Ph. D. Revised edition by J. W. CARTMELL. *Price 3s. 6d.*

Der Oberhof. A Tale of Westphalian Life, by KARL IM-MERMANN. By WILHELM WAGNER, Ph.D. *Price 3s.*

A Book of German Dactylic Poetry. Arranged and Annotated by WILHELM WAGNER, Ph.D. *Price 3s.*

A Book of Ballads on German History. Arranged and Annotated by WILHELM WAGNER, PH. D. *Price 2s.*

Der Staat Friedrichs des Grossen. By G. FREYTAG. With Notes. By WILHELM WAGNER, PH.D. *Price 2s.*

Das Jahr 1813 (THE YEAR 1813), by F. KOHLRAUSCH. With English Notes by the same Editor. *Price 2s.*

V. ENGLISH.

Theory and Practice of Teaching. By the Rev. E. THRING, M.A., Head Master of Uppingham School. New edition. *4s. 6d.*

John Amos Comenius, Bishop of the Moravians. His Life and Educational Works, by S. S. LAURIE, A.M., F.R.S.E. Second Edition, Revised. *3s. 6d.*

Outlines of the Philosophy of Aristotle. Compiled by EDWIN WALLACE, M.A., LL.D. Third Edition, Enlarged. *4s. 6d.*

The Two Noble Kinsmen, edited with Introduction and Notes by the Rev. Professor SKEAT, M.A. *Price 3s. 6d.*

Bacon's History of the Reign of King Henry VII. With Notes by the Rev. Professor LUMBY, D.D. *Price 3s.*

Sir Thomas More's Utopia. With Notes by the Rev. Professor LUMBY, D.D. *Price 3s. 6d.*

More's History of King Richard III. Edited with Notes, Glossary, Index of Names. By J. RAWSON LUMBY, D.D. *3s. 6d.*

Locke on Education. With Introduction and Notes by the Rev. R. H. QUICK, M.A. *Price 3s. 6d.*

A Sketch of Ancient Philosophy from Thales to Cicero, by JOSEPH B. MAYOR, M.A. *Price 3s. 6d.*

Three Lectures on the Practice of Education. Delivered under the direction of the Teachers' Training Syndicate. *Price 2s.*

General aims of the Teacher, and Form Management. Two Lectures delivered in the University of Cambridge in the Lent Term, 1883, by F. W. FARRAR, D.D. and R. B. POOLE, B.D. *Price 1s. 6d.*

Milton's Tractate on Education. A facsimile reprint from the Edition of 1673. Edited, with Introduction and Notes, by OSCAR BROWNING, M.A. *Price 2s.*

Other Volumes are in preparation.

London: Cambridge Warehouse, Ave Maria Lane.

The Cambridge Bible for Schools and Colleges.

GENERAL EDITOR: J. J. S. PEROWNE, D.D.,
DEAN OF PETERBOROUGH.

"It is difficult to commend too highly this excellent series, the volumes of which are now becoming numerous."—*Guardian.*

"The modesty of the general title of this series has, we believe, led many to misunderstand its character and underrate its value. The books are well suited for study in the upper forms of our best schools, but not the less are they adapted to the wants of all Bible students who are not specialists. We doubt, indeed, whether any of the numerous popular commentaries recently issued in this country will be found more serviceable for general use."—*Academy.*

"Of great value. The whole series of comments for schools is highly esteemed by students capable of forming a judgment. The books are scholarly without being pretentious: information is so given as to be easily understood."—*Sword and Trowel.*

Now Ready. Cloth, Extra Fcap. 8vo.

Book of Joshua. By Rev. G. F. MACLEAR, D.D. With Maps. 2s. 6d.

Book of Judges. By Rev. J. J. LIAS, M.A. 3s. 6d.

First Book of Samuel. By Rev. Prof. KIRKPATRICK, M.A., With Map. 3s. 6d.

Second Book of Samuel. By Rev. Prof. KIRKPATRICK, M.A., With 2 Maps. 3s. 6d.

Book of Job. By Rev. A. B. DAVIDSON, D.D. 5s.

Book of Ecclesiastes. By Very Rev. E. H. PLUMPTRE, D.D., Dean of Wells. 5s.

Book of Jeremiah. By Rev. A. W. STREANE, M.A. With Map. 4s. 6d.

Book of Hosea. By Rev. T. K. CHEYNE, M.A., D.D. 3s.

Books of Obadiah and Jonah. By Arch. PEROWNE. 2s. 6d.

Book of Micah. Rev. T. K. CHEYNE, M.A., D.D. 1s. 6d.

Gospel according to St Matthew. By Rev. A. CARR, M.A. With 2 Maps. 2s. 6d.

London: Cambridge Warehouse, Ave Maria Lane.

Gospel according to St Mark. By Rev. G. F. MACLEAR, D.D. With 4 Maps. *2s. 6d.*

Gospel according to St Luke. By Archdeacon FARRAR. With 4 Maps. *4s. 6d.*

Gospel according to St John. By Rev. A. PLUMMER, M.A., D.D. With 4 Maps. *4s. 6d.*

Acts of the Apostles. By Rev. Professor LUMBY, D.D. With 4 Maps. *4s. 6d.*

Epistle to the Romans. Rev. H. C. G. MOULE, M.A. *3s. 6d.*

First Epistle to the Corinthians. By Rev. J. J. LIAS, M.A. With a Plan and Map. *2s.*

Second Epistle to the Corinthians. By Rev. J. J. LIAS, M.A. With a Plan and Map. *2s.*

Epistle to the Hebrews. By Arch. FARRAR, D.D. *3s. 6d.*

General Epistle of St James. By Very Rev. E. H. PLUMPTRE, D.D. *1s. 6d.*

Epistles of St Peter and St Jude. By Very Rev. E. H. PLUMPTRE, D.D. *2s. 6d.*

Epistles of St John. By Rev. A. PLUMMER, M.A., D.D. *3s. 6d.*

Preparing.

Book of Genesis. By Very Rev. R. PAYNE SMITH, D.D.

Books of Exodus, Numbers and Deuteronomy. By Rev. C. D. GINSBURG, LL.D.

First and Second Books of Kings. By Prof. LUMBY, D.D.

Book of Psalms. By Rev. Prof. KIRKPATRICK, M.A.

Book of Isaiah. By Prof. W. ROBERTSON SMITH, M.A.

Book of Ezekiel. By Rev. A. B. DAVIDSON, D.D.

Books of Haggai and Zechariah. By Archdeacon PEROWNE.

Epistles to the Ephesians, Philippians, Colossians and Philemon. By Rev. H. C. G. MOULE, M.A.

Book of Revelation. By Rev. W. H. SIMCOX, M.A.

London: Cambridge Warehouse, Ave Maria Lane.

The Cambridge Greek Testament for Schools and Colleges

with a Revised Text, based on the most recent critical authorities, and English Notes, prepared under the direction of the General Editor,

J. J. S. PEROWNE, D.D., DEAN OF PETERBOROUGH.

Gospel according to St Matthew. By Rev. A. CARR, M.A.
With 4 Maps. 4s. 6d.

Gospel according to St Mark. By Rev. G. F. MACLEAR, D.D.
With 3 Maps. 4s. 6d.

Gospel according to St Luke. By Archdeacon FARRAR.
With 4 Maps. 6s.

Gospel according to St John. By Rev. A. PLUMMER, M.A.
With 4 Maps. 6s.

Acts of the Apostles. By Rev. Professor LUMBY, D.D.
With 4 Maps. 6s.

First Epistle to the Corinthians. By Rev. J. J. LIAS, M.A.
[*In the Press.*

Epistle to the Hebrews. By Arch. FARRAR, D.D. [*Preparing.*

Epistle of St James. By Very Rev. E. H. PLUMPTRE, D.D.
[*Preparing.*

Epistles of St John. By Rev. A. PLUMMER, M.A., D.D.
[*Nearly ready.*

London: C. J. CLAY AND SON,
CAMBRIDGE WAREHOUSE, AVE MARIA LANE.
Glasgow: 263, ARGYLE STREET.
Cambridge: DEIGHTON, BELL AND CO.
Leipzig: F. A. BROCKHAUS.

CAMBRIDGE: PRINTED BY C. J. CLAY, M.A. AND SON, AT THE UNIVERSITY PRESS.

www.ingramcontent.com/pod-product-compliance
Lightning Source LLC
Chambersburg PA
CBHW030608270326
41927CB00007B/1098